Andrea Erkert

„Ich war das aber nicht!“

Wie Kinder lernen, Verantwortung für ihr Handeln zu übernehmen

Andrea Erkert

„Ich war das aber nicht!“

Wie Kinder lernen, Verantwortung für ihr Handeln zu übernehmen

Unser Buchprogramm im Internet: www.verlag-modernes-lernen.de

Externe Links
Der Verlag weist ausdrücklich darauf hin, dass eventuell im Text enthaltene externe Links vom Verlag nur bis zum Zeitpunkt der Buchveröffentlichung eingesehen werden konnten. Auf spätere Veränderungen hat der Verlag keinerlei Einfluss. Eine Haftung des Verlages ist daher ausgeschlossen.

Folgen Sie uns auf 

Gesamtherstellung in Deutschland: Löer Druck GmbH, Dortmundd

Coverfoto: © natalialeb – stock.adobe.com
Schrift: Alegreya Sans

Bestell-Nr. 1325 ISBN 978-3-8080-0895-9

Inhalt

Vorwort

Jeder von uns kennt solche Situationen aus dem Kindergartenalltag: Ein paar Kinder sitzen am Frühstückstisch. Eines von ihnen macht beim Einschenken eine ungeschickte Bewegung, sodass sein Becher umkippt und zu Bruch geht. Auf dem Tisch ergießt sich rasch eine große Pfütze. Das Kind reagiert sofort und weist die Schuld von sich. Im gleichen Moment behauptet ein weiteres Kind, dass ihm ein anderes eine Scheibe Käse von seinem Frühstücksteller stibitzt hat. Das betreffende Kind fühlt sich ertappt, gibt jedoch dem Kind zu verstehen, dass es sich irrt und es zu unrecht beschuldigt.

Einen Fehler zuzugeben ist nämlich nicht immer so einfach. Denn es erfordert viel Stärke und Mut sowie die Fähigkeit, einen Fehler zu erkennen und einzusehen. Kleine Kinder können bereits flunkern, sind jedoch noch nicht in der Lage, zwischen Realität und Fantasie zu unterscheiden. Die von ihnen erfundenen Geschichten lassen sich sogar plausibel mit der kindlichen Logik erklären.

Unabhängig davon, sollten bereits jüngere Kinder dazu ermuntert werden, die Wahrheit zu erzählen. Damit das jedoch gelingt, brauchen Kinder in erster Linie authentische Eltern, Erzieher*innen und andere Bezugspersonen, denen sie vertrauen und die ihnen bewusst machen, dass jeder von uns und somit auch sie selbst Fehler machen können.

Fehler machen ist also menschlich. Und wer keine Fehler macht, kann auch nichts daraus lernen. Es ist also wichtig, dass Kinder bereits in der Kita auf verspielte Weise Fehler wahrnehmen und sich in andere hineinversetzen lernen. Zudem sollten sie auch erfahren, wie man etwas wiedergutmachen können.

„Nichts lernen wir so spät und verlernen wir so früh, als zugeben, dass wir unrecht haben.“

Marie von Ebner-Eschenbach (1830–1916), österreichische Erzählerin, Novellisten und Aphoristikerin

Zu dem Aufbau des Buches

Das Buch enthält sieben Kapitel, die allesamt mit viel Wissenswertem für die Praxis starten. Danach folgen die dazu passenden Spiele und andere Angebote. Zu jeder Praxisidee gibt es jeweils ein dazu passendes Foto aus der Praxis für die Praxis. Auf diese Weise wird alles sehr übersichtlich und anschaulich dargestellt. Zudem enthält jede Praxisidee eine Altersangabe als Orientierungshilfe und Angaben zu den benötigten Materialien, falls diese erforderlich sein sollten. Nicht zuletzt gibt es zu jeder Praxisidee auch eine Angabe zum Zeitaufwand, sodass Sie sofort wissen, wie lange die von Ihnen ausgewählte Praxisidee voraussichtlich dauern wird.

Im ersten Kapitel **„Peinlich und unangenehm"** tauschen die Kinder sich darüber aus, was sie alles unter einem Regelverstoß, Missgeschick und Irrtum verstehen. Dabei wird auch gezeigt, wie man es schaffen kann, sich nicht jede Kleinigkeit zu Herzen zu nehmen. Zudem wird ihnen verdeutlicht, dass es durchaus einen Unterschied macht, ob etwas mit voller Absicht geschieht oder nicht.

Das zweite Kapitel **„Vom Flunkern, Lügen und Schwindeln"** beinhaltet wahre, aber auch Behauptungen, die so nicht stimmen. Auf verspielte Weise erfahren die Kinder auch, was passieren kann, wenn man sich immer mehr in Lügen verstrickt.

Im dritten Kapitel **„Angst, Neid und Not - Warum Menschen lügen"** soll den Kindern bewusst gemacht werden, aus welchen Gründen nicht nur sie selbst, sondern auch andere Menschen lügen können. Spielerisch sollen sie auch herausfinden, wie sehr eine Freundschaft durch das Erzählen von Unwahrheiten belastet werden und wer für sie in solchen Situationen da sein kann.

Das vierte Kapitel **„Weißt du, was ich dabei fühle?"** enthält unter anderem Lügengeschichten, Rollen- und Fingerspiele, bei denen die Kinder üben, sich in andere hineinzuversetzen und Empathie zu entwickeln. Es ist ein Teil der emotionale Intelligenz und relevant für das persönliche Wachstum.

Im fünfte Kapitel **„Weshalb Ehrlichkeit wichtig ist"** wird den Kindern spielerisch verdeutlicht, dass das die Basis für Vertrauen und ein gutes Miteinander ist. Zudem wird den Kindern auch vermittelt, weshalb Ehrlichsein in bestimmten Situationen nicht immer ganz so einfach ist.

Das sechste Kapitel **„Einsicht und Wiedergutmachung"** appelliert an den Verstand und zeigt den Kindern, weshalb das in bestimmten Situationen so wichtig ist. Dabei erfahren sie auch, wie sie etwas, was sie getan haben, vielleicht auch wiedergutmachen können.

Im siebten Kapitel **„Was man aus Fehler lernen kann"** verdeutlicht den Kindern auf verspielte Weise, was sie generell aus Fehlern lernen und wie sie ihr Verhalten ändern können. Auf diese Weise wird ihnen auch vermittelt, dass sie insbesondere durch negative Erfahrungen und Erlebnisse gute Ideen und Lösungen entwickelt können, auf die sie vielleicht so nicht von selbst gekommen wären.

Nicht zuletzt folgen zehn Tipps, wie Sie als ErzieherIn Streit und Konflikte zwischen allen Kindern entschärfen können.

„Wo Fehler sind, da ist auch Erfahrung."

Anton Pawlowitsch Tschechow (1880–1904), russischer Schriftsteller, Novellist und Dramatiker

Peinlich und unangenehm

Regelverstöße, Missgeschicke und Irrtümer spielerisch wahrnehmen, benennen und unterscheiden lernen

Es gibt verschiedene Arten von Fehlern, zu denen die Regelverstöße gehören. So gibt es in jeder Kita ein paar Gruppenregeln, die klare Konsequenzen nach sich ziehen, sobald ein Kind eine Regel ignoriert und sich falsch verhält.
Zudem gibt es auch Missgeschicke, die aus Versehen oder Unkenntnis geschehen. Ein Missgeschick wird jedoch nicht so streng behandelt wie ein Regelverstoß, der eine klare Grenzüberschreitung darstellt und von der Gruppe nicht geduldet wird. Des Weiteren können Fehler auch durch falsche Annahmen und Fehlschlüsse entstehen. In diesem Fall handelt es sich um einen Irrtum. Beispiel: Ein Kind glaubt, ein anderes bei einem Regelverstoß erwischt zu haben. Es stellt sich jedoch im Nachhinein heraus, dass das Kind mit einem anderen Kind aus der Gruppe von ihm verwechselt wurde.
Im ersten Kapitel beschäftigen die Kinder sich nun mit verschiedenen Arten von Fehlern. Spielerisch dürfen sie Regelverstöße, die gerne auch einmal bewusst gemacht werden, jedoch keinesfalls zu tolerieren sind, etwas genauer unter die Lupe nehmen. Zudem sollen sie auf verspielte Weise erfahren, weshalb Missgeschicke jederzeit passieren und humorvoll besonders leicht überwunden werden können. Nicht zuletzt wird den Kindern spielerisch klargemacht, dass Irren menschlich und völlig normal ist. Dabei werden auch Gründe benannt, die zu einem Irrtum führen können und für einen selbst manchmal peinlich und unangenehm sein können.

„Liebe die Wahrheit, aber verzeihe den Irrtum."

Voltaire (1694–1778), französischer Philosoph und Schriftsteller

Kennst du die Gruppenregeln?

Alter: ab 4 Jahren

Material: –

Zeitaufwand: 3–5 Minuten

Spielverlauf:
Die Kinder sitzen zusammen im Stuhlkreis und überlegen, welche Verhaltens- und und Handlungsweisen in der Gruppe keinesfalls geduldet werden.
Eines der Kinder beginnt und benennt einen Regelverstoß, wie z. B. schlagen. Danach gibt es demjenigen Kind, das links neben ihm sitzt, die Hand. Das betreffende Kind benennt einen weiteren Regelverstoß, wie z. B. beleidigen. Daraufhin gibt es seinem linken Nachbarn ebenfalls die Hand, der dann etwas benennt, das keinesfalls zu tolerieren ist.
Auf diese Weise geht's immer weiter, bis alle Kinder Hand in Hand im Kreis beisammen sitzen. Danach sagen Sie laut:

„Wir sind fair zueinander, wie jeder weiß!
Wir halten zusammen so wie nun im Kreis!"

Weitere Beispiele:
Boxen, treten, beißen, kratzen, Haare ziehen, spucken, Schimpfwörter, ...

Mithilfe der Praxisidee soll den Kindern nun bewusst gemacht werden, dass es bestimmte Gruppenregeln gibt, die für alle verbindlich sind und über die Einigkeit herrscht. Indem sie sich gegenseitig die Hände reichen und einen geschlossenen Kreis bilden, wird das Ganze untermauert.

Rate mal, was wir nicht dulden

Alter: ab 4 Jahren

Material: –

Zeitaufwand: 5–10 Minuten

Spielverlauf:
Alle Kinder sitzen zusammen im Kreis.
Zu Beginn flüstern Sie zwei Kindern, die gerne mitmachen möchten, einen bestimmten Regelverstoß ins Ohr, wie z. B. gegeneinander boxen. Die beiden Kinder treten in die Kreismitte und tun nun so, als ob sie miteinander in einen heftigen Streit geraten würden, bei dem sogar die Fäuste fliegen. Alle übrigen Kinder beobachten alles genau und sollen den Regelverstoß herausfinden, der in diesem Fall „Boxen!" lautet. Wurde die richtige Antwort benannt, tauschen beide ihre Plätze mit jeweils einem anderen Kind im Kreis.
Das muntere Raten geht weiter, sobald Sie den zwei anderen Kindern einen weiteren Regelverstoß, wie z. B. sich gegenseitig an den Haaren ziehen, mitgeteilt haben.
Auf diese Weise finden noch ein paar Spielrunden statt.

Indem stets zwei Kinder jeweils einen Regelverstoß pantomimisch vorstellen, wird den übrigen Kindern eindrucksvoll vor Augen geführt, was keinesfalls toleriert werden darf. Indem die Kinder die Regelverstöße erraten sollen, bleiben ihnen diese besonders gut im Gedächtnis haften.

Das geht gar nicht!

Alter: ab 3 Jahren

Material: –

Zeitaufwand: 3–5 Minuten

Spielverlauf:
„Schlagen, kratzen, beißen, treten und beschimpfen finde ich nicht gut."
Eine Faust bilden und ausgehend vom Daumen die einzelnen Finger bei jeder negativen Verhaltensweise ausstrecken. Danach auf sich selbst deuten

„Schlagen, kratzen, beißen, treten und beschimpfen erzeugt eine Wut."
S. o., jedoch am Ende eine Faust ballen

„Schlagen, kratzen, beißen, treten und beschimpfen ohne mich!"
S. o.

„Ich bin dagegen und was meinst du dazu? Das frage ich mich!"
Auf jemanden in der Runde deuten

Im Anschluss daran dürfen die Kinder der Reihe nach dazu ihre Meinung sagen. Falls jedoch ein Kind trotzdem glaubt, dass irgendein Regelverstoß in bestimmten Fällen durchaus berechtigt sein kann, dann sollte darüber diskutiert werden. So können manche Kinder der Meinung sein, dass sie, wenn ihnen etwas angetan wird, durchaus auch schreien, beschimpfen und sogar schlagen dürfen.

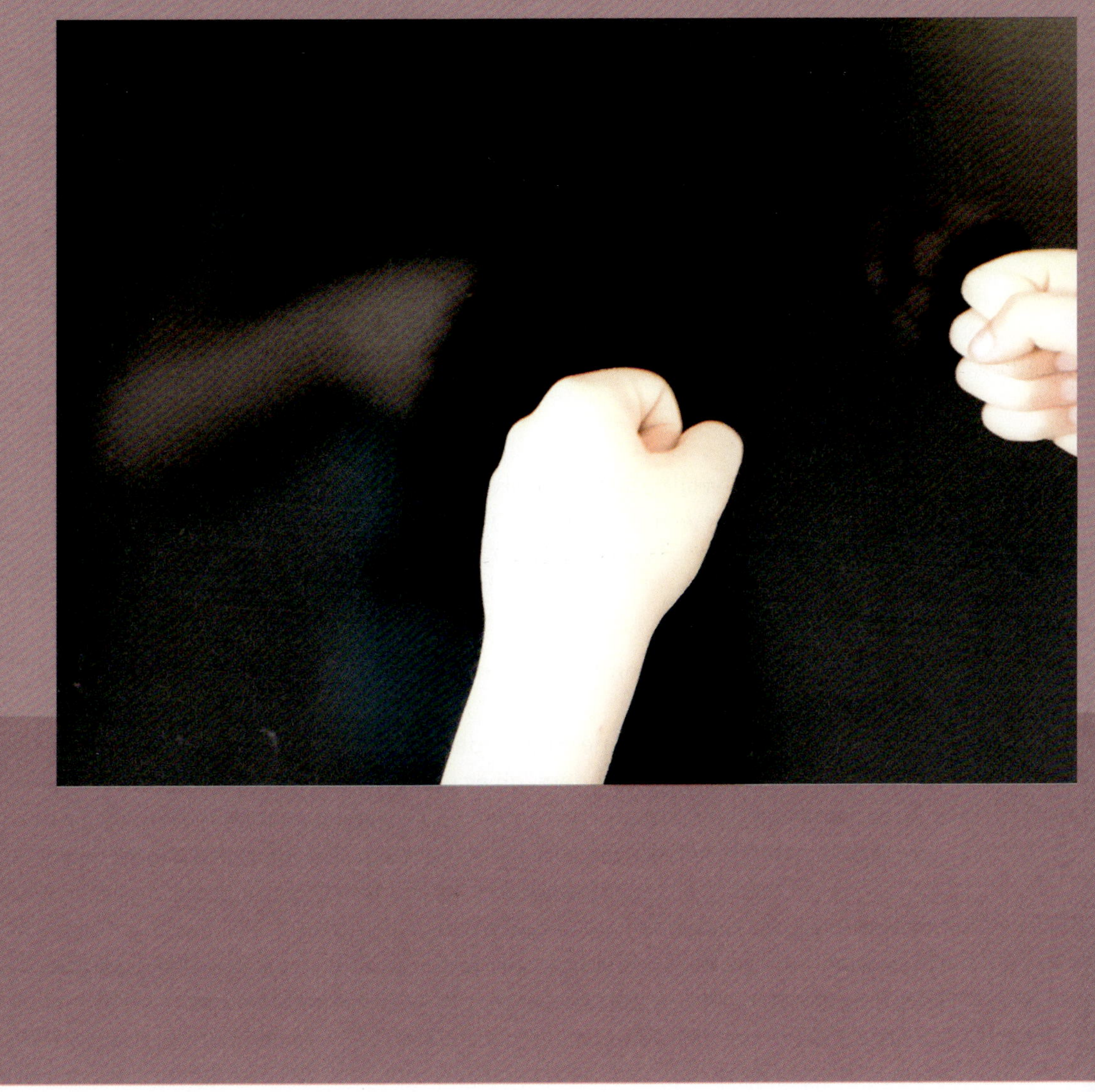

Machen Sie den Kindern bewusst, dass ein Regelverstoß, den man selbst erlebt oder vielleicht auch „nur" beobachtet hat, eine innere Wut erzeugen kann, sodass man so wie hier auf dem Foto dargestellt, am liebsten auch zuschlagen möchte. Damit es jedoch erst gar nicht soweit kommt und somit keine weiteren Fehler gemacht werden, dürfen Regelverstöße in der Gruppe nicht geduldet werden.

Rote Karte oder nicht?

Alter: ab 5 Jahren

Material: für jedes Kind 1 roter runder Bierdeckel oder 1 rotes rundes Faltpapier, 8–12 unbedruckte Bierdeckel, 1 Stift

Zeitaufwand: 5–10 Minuten

Vorbereitung:
Schreiben Sie auf die Hälfte der Bierdeckel jeweils einen Regelverstoß und auf die anderen eine positive Verhaltensweise. Diese „Spielkarten" legen Sie verdeckt auf einen Tisch.

Spielverlauf:
Die Kinder setzen sich um den Tisch herum und erhalten von Ihnen jeweils einen roten runden Bierdeckel.
Eines der Kinder beginnt und deckt irgendeine Karte auf. Lesen Sie nun das vor, was auf der Karte steht. Je nachdem, ob es sich um einen Regelverstoß handelt oder nicht, sollen die Kinder im ersten Fall blitzschnell ihre roten Karten herzeigen. Die betreffende Spielkarte nehmen Sie dann vom Tisch. Sollte es jedoch eine positive Verhaltensweise sein, strecken die Kinder ihren Daumen rasch in die Luft. Hierbei bleibt die Karte offen auf dem Tisch liegen.
Unabhängig davon, darf dasjenige Kind, das links neben dem vorherigen Kind sitzt, die nächste Karte umdrehen.
Auf diese Weise geht's immer weiter, bis alle Karten, auf denen etwas Positives steht, offen daliegen.
Am Schluss lesen Sie erst die Regelverstöße vor, die auf den Karten stehen, die Sie vom Tisch entfernt haben. Danach lesen Sie das, was wünschenswert ist, vor. Dabei dürfen die Kinder jedes Mal applaudieren.

Beispiele:
Regelverstöße: Schlagen, beißen, zwicken, beschimpfen, ...
Prosoziales Verhalten: Helfen, trösten, umarmen, teilen, ...

Für einen Regelverstoß gibt es eine rote Karte. Die Kinder kennen das bestimmt auch von verschiedenen Mannschaftssportarten, zu denen der Fußball gehört. Manchen Sie den Kindern bewusst, dass auch ein Schiedsrichter oder die Schiedsrichterin bei groben Verstößen gegen die Fußballregeln stets die rote Karte ziehen muss, sodass sogar die Mannschaft für das restliche Spiel auf die davon betroffene Person verzichten muss.

Hoppla! Nicht schlimm!

Alter: ab 3 Jahren

Material: –

Zeitaufwand: 3–5 Minuten

Spielverlauf:
„Es war einmal ein kleiner Feldhase
der stolperte und fiel auf seine Nase."
Mit dem Mittel- und Ringfinger den Daumen berühren und dabei den Zeigefinger und kleinen Finger ausstrecken

„Er rempelte dabei einen anderen an.
Der zweite schüttete sich dann."
Mit der anderen Hand ebenfalls so wie oben beschrieben einen „Hasen" darstellen. Beide „Hasen" berühren sich gegenseitig

„Verwundert schaute der Feldhase
und rieb sich seine kleine Stupsnase."
Mit dem Zeigefinger auf die Nasenspitze tippen

„Über solche blödsinnigen Sachen,
konnten beide Hasen nur noch lachen."
Mit beiden Daumen und Zeigefingern ein Herz andeuten

Im Anschluss daran können Sie mit den Kindern darüber sprechen, ob ihnen auch schon einmal so etwas Ähnliches passiert ist. Vielleicht sind sie über ihre eigenen Füße gestolpert oder haben die Tomatensoße beim Spaghettiessen über das ganze Gesicht verteilt. Es war auf jeden Fall keine Absicht gewesen und ist erst recht kein Grund sich das Ganze so zu Herzen zu nehmen. Deshalb sollte man nach Möglichkeit einfach darüber schmunzeln oder gar herzhaft lachen.

Mithilfe des lustigen Fingerspiels soll den Kindern verdeutlicht werden, dass selbst Tieren Missgeschicke passieren können. Es ist also völlig normal, wenn auch ihnen im Alltag der eine oder andere kleine Fehler unterläuft, den sie so nicht beabsichtigt haben.

Kurz mal nicht aufgepasst

Alter: ab 3 Jahren

Material: 1 Handtrommel für jedes Kind, 1 Rhythmusinstrument, wie z. B. 1 Rassel oder ein Paar Klangstäbe, Instrumentalmusik

Zeitaufwand: 5–10 Minuten

Spielverlauf:
Die Kinder befinden sich im Stuhlkreis und erhalten von Ihnen jeweils ein Rhythmusinstrument. Sie selbst benötigen eine Handtrommel. Danach lesen die folgende Klanggeschichte vor:

„Ich spiele gerne im Orchester mit,
denn ohne mich wird's kein Hit."
Handtrommel einmal erklingen lassen

„Auch wir machen gerne mit.
Wir fühlen uns auch richtig fit."
Rasseln, Klangstäbe & Co.kurz erklingen lassen

Schalten Sie nun die Instrumentalmusik ein. Die Kinder dürfen jetzt im Takt mit ihren Rhythmusinstrumenten die Musik begleiten. Dabei machen Sie mit Ihrem Instrument ebenfalls mit. Ist die Musik beendet, lassen Sie trotzdem noch einmal die Trommel erklingen und sagen dann völlig erschrocken:

„Ich habe einen Fehler gemacht.
Wer von euch hätte das gedacht?"
Trommeln

„Fehler machen können auch wir.
Passieren kann das nicht nur dir!"
Rasseln, Klangstäbe & Co. kurz erklingen lassen

Wer trifft den Ton, wer hat es vergeigt? Eine Orchesterprobe kann ganz schön anstrengend sein, zumal das Zusammenspiel nicht immer so einfach ist. Trotzdem lassen sich die Musiker*innen nicht entmutigen und probieren es so lange, bis das Zusammenspiel klappt.

Ups, blöd gelaufen!

Alter: ab 4 Jahren

Material: evtl. 4 Markierungskegel

Zeitaufwand: 3–5 Minuten

Spielverlauf:
Alle Kinder verteilen sich auf einem überschaubaren Spielfeld, das Sie mithilfe von vier Markierungskegeln kennzeichnen können.
Zum Rhythmus des Trommelspiels laufen alle durch den Raum, bis Sie auf einmal das Trommeln stoppen und z. B. laut sagen:

„Vorsicht eine Bananenschale!"

Die Kinder tun so, als ob sie ausrutschen und hinfallen würden. Sitzen alle Kinder auf dem Boden sagen Sie laut:

„Ups, blöd gelaufen!"

Danach stehen alle Kinder wieder auf und laufen erneut durch den Raum, sobald Sie wieder zu trommeln anfangen. Irgendwann stoppt das Trommeln und Sie sagen z. B. laut:

„Vorsicht eine Kiste!"

Daraufhin stellen die Kinder dar, wie sie mit ihren Füßen über die Kiste stolpern. Danach rufen alle laut:

„Ups, blöd gelaufen!"

Auf diese Weise finden noch ein paar Spielrunden statt.
Im Anschluss daran sollten Sie den Kindern bewusst machen, dass Missgeschicke, die auch für einen selbst peinlich oder ärgerlich sein können, durchaus normal sind. Und manchmal sind Missgeschicke so komisch, dass man sogar selbst darüber lachen muss.

Zeigen Sie den Kindern das Foto, das ein schöner Gesprächseinstieg zum Thema „Missgeschicke" sein kann, die den Kindern im Alltag vielleicht schon einmal selbst passiert sind. Je mehr die Kinder darüber reden, desto besser werden sie begreifen, dass Missgeschicke jedem von uns passieren können und somit nicht schlimm sind.

Ist das die richtige Hausnummer?

Alter: ab 4 Jahren

Material: für jedes Kind 1 Pappteller o. Ä., 1 Wachsmalstift

Zeitaufwand: 5–10 Minuten

Vorbereitung:
Je nachdem, wie viele Kinder mitspielen, schreiben Sie auf jeden Teller eine Zahl von 1 bis ...

Spielverlauf:
Alle Kinder sitzen eng zusammen im Kreis.
Während Sie nun in der Kreismitte auf die einzelnen Kinder deuten und dabei die Kinder zählen, merkt sich jedes Kind seine Zahl. Darüber hinaus erhält jedes Kind von Ihnen einen Pappteller, auf dem seine Zahl steht.
Eines der Kinder legt seinen Pappteller unter seinen Stuhl, begibt sich in die Kreismitte und schließt seine Augen. Es dreht sich um die eigene Achse und geht dann blind in die Richtung, wo es seinen Platz vermutet. Die übrigen Kinder halten ihre Pappteller so in der Hand, das man die einzelnen „Hausnummern" erkennen kann. Sobald es jedoch einem Kind zu nahe kommt, steckt das betreffende Kind ihm seine Arme entgegen und sagt laut:

„Du hast dich in der Hausnummer geirrt! Das hier ist die Hausnummer ... *(Zahl einsetzen, die auf dem Pappteller steht)*."

Daraufhin geht das Kind weiter, um sein Haus bzw. seinen Platz zu suchen.
Das Spiel ist aus, sobald es auf seinem Stuhl sitzt. Danach wählt es ein anderes aus, das sich dann vielleicht auch ein paarmal in der „Hausnummer" irrt, bevor es sein Haus bzw. seinen Platz findet.
Erst wenn alle Kinder einmal an der Reihe gewesen sind und wissen, dass man sich trotz eines Irrtums weiter auf die Suche begeben kann, ist das Spiel beendet.

Fragen Sie die Kinder weshalb Hausnummern, so wie hier im Spiel dargestellt, gut sichtbar sein sollten. Dabei soll den Kindern bewusst gemacht werden, dass sich sonst nicht nur der Besuch, sondern auch der Paketzusteller oder die Paketzustellerin irren kann. Zudem können Rettungsdienste wertvolle Zeit verlieren, wenn sie eine Adresse einfach nicht auf Anhieb finden können.

Ich habe mich in der Zeit geirrt!

Alter: ab 4 Jahren

Material: –

Zeitaufwand: 3–5 Minuten

Spielverlauf:
Der Erste sagt: „Beeile dich! Du musst jetzt los!“
Eine Faust bilden und den linken Daumen ausstrecken

Der Zweite sagt: „Schon so spät? Was mache ich bloß?“
Eine Faust bilden und den rechten Daumen ausstrecken

Der Erste sagt: „Hopp hopp! Die Kita fängt bald an.“
Den linken Daumen kurz bewegen

Der Zweite sagt: „Ich laufen so schnell wie ich nur kann.“
Den rechten Daumen kurz bewegen

Der Erste sagt: „Sorry, ich habe mich geirrt. Es ist noch Zeit.“
Mit dem rechten Zeigefinger auf die „Armbanduhr“ am linken Handgelenk deuten

Der Zweite sagt: „Ich weiß, es tut dir bestimmt jetzt sehr leid.“
Den rechten Daumen kurz ausstrecken

Jeder von uns hat sich bestimmt schon einmal in der Zeit geirrt und ist deswegen zu spät oder zu früh am Zielort angekommen. Das Fingerspiel soll den Kindern verdeutlichen, dass das nicht schlimm ist und jedem von uns im Alltag passieren kann.

Hallo! Das ist eine Verwechslung

Alter: ab 3 Jahren

Material: ein paar Sachen in doppelter Ausführung, z. B. je 2 Wachsmalstifte, Spielzeugautos und Mützen

Zeitaufwand: 5–10 Minuten

Spielverlauf:
Die Kinder bilden einen Stuhlkreis, in dessen Mitte Sie einen Tisch platzieren, auf dem Sie z. B. einen orangenen Wachsmalstift legen. Drei Kinder, die es gerne möchten, dürfen nun das folgende Rollenspiel durchführen:

- Das erste Kind setzt sich an den Tisch und nimmt sich den orangenen Wachsmalstift.
- Das zweite Kind im Stuhlkreis erhält von ihnen noch einen orangenen Wachsmalstift.
- Das dritte Kind darf sich nun zu dem ersten Kind am Tisch begeben. Es sieht den Stift und glaubt, dass es sich hierbei um seinen handelt. Die beiden Kinder geraten in einen heftigen Konflikt.
- Das dritte Kind eilt irgendwann mit seinem zweiten Wachsmalstift herbei. Es teilt den beiden mit, dass es sich um eine Verwechslung handelt. Es hat nämlich den vom zweiten Kind gesuchten Stift gefunden.
- Das zweite Kind entschuldigt sich beim ersten und nimmt den Wachsmalstift an sich.

Auf diese Weise finden noch weitere Rollenspiele mit je zwei neuen Gegenständen in doppelter Ausführung statt. Dabei wechseln auch die Schauspieler*innen.

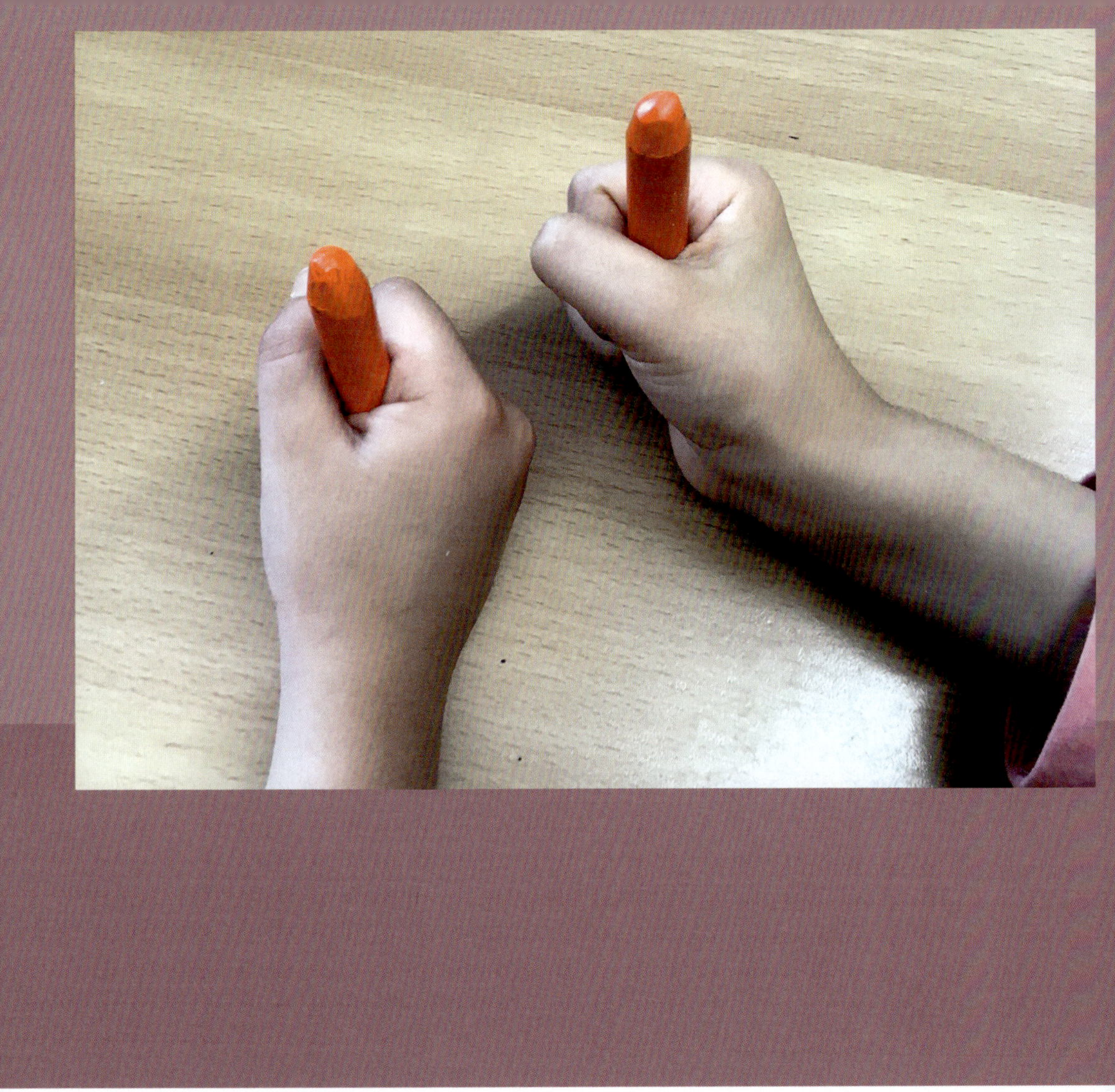

In der Kita kommt es immer wieder vor, dass die Kinder sich um einen Gegenstand streiten, von denen alle Beteiligten behaupten, dass es sich um ihr Eigentum handelt. Mithilfe des Rollenspiels soll den Kindern bewusst gemacht werden, dass es sich dabei auch um eine Verwechslung handeln kann, bei der man einen anderen zu unrecht beschuldigt hat.

Vom Flunkern, Lügen und Schwindeln

Den Umgang mit Wahrheit und Unwahrheit spielerisch kennenlernen

Schummeln, flunkern und Lügengeschichten erzählen: Erst mit etwa 4 Jahren sind die Kinder kognitiv in der Lage, die Wahrheit bewusst zu verdrehen und dabei ernst zu bleiben. Wenn also jüngere Kinder unwahre Geschichten erzählen, die anderen nicht schaden, dann haben sie einfach eine blühende Phantasie und lügen nicht.

Dennoch empfiehlt es sich, die Aufmerksamkeit der Kinder nach Möglichkeit auf das zu lenken, was sie besser machen können. Wenn also ein paar Kinder sich z. B. am Basteltisch vor lauter Wut gegenseitig mit Papierschnipseln bewerfen, ist es oftmals sehr mühsam herauszufinden, wer von ihnen damit angefangen hat. Anstelle darüber zu diskutieren, können Sie in diesem Fall allen daran beteiligten Kindern Kehrsets und einen Papiereimer zur Verfügung stellen, damit sie das, was sie verursacht haben, mit vereinten Kräften wieder in Ordnung bringen können.

Das zweite Kapitel beinhaltet nun Beispiele, die wahr oder unrealistisch sein können. Für jüngere Kinder ist das nicht so einfach zu unterscheiden, da Wahrheit und Unwahrheit aufgrund ihrer Entwicklungsstufe noch eng zusammengehören. Dennoch ist es enorm wichtig, eine Atmosphäre der Ehrlichkeit zu schaffen. Auf verspielte Weise üben die Kinder deshalb, auf die Körpersprache und Stimmlage ihres Gegenübers zu achten und dabei auch gezielt nachzufragen, falls Zweifel an dem, was sie gerade aufgetischt bekommen, entstehen sollten. Nicht zuletzt üben sie, anderen zu erklären, weshalb es ihnen so wichtig ist, nicht angelogen zu werden.

„Der erste Schritt zur Wahrheit ist der Zweifel.“

Dennis Diderot (1713–1784), französischer Schriftsteller und Philosoph

Stimmt das oder nicht?

Alter: ab 3 Jahren

Material: 8–12 unbedruckte Karte, Wachsmalstifte

Zeitaufwand: 5–10 Minuten

Vorbereitung:
Überlegen Sie sich für jeden Bierdeckel etwas Bestimmtes, das wahr oder unwahr sein kann. Im letzten Fall können Sie z. B. auf einen Bierdeckel ein blaues Gesicht oder gar eine Ente, die eine Krone auf dem Kopf trägt, malen.

Spielverlauf:
Die Karten drehen Sie um, die Sie dann auf dem Tisch verteilen, an dem die Kinder schließlich Platz nehmen.
Eines der Kinden beginnt und dreht eine beliebige Karte um, auf der z. B. die Zahl 1 abgebildet ist. Daraufhin sollen die übrigen Kinder so schnell wie möglich mit der flachen Hand auf die Karte patschen. Dasjenige Kind, das am schnellsten gewesen ist, darf nun der Gruppe sagen, ob es die Zahl 1 gibt oder nicht. Sollte das Kind das nicht richtig beantworten können, dann dreht es die Karte einfach wieder um. Ansonsten bleibt die Karte offen liegen. Unabhängig davon, darf dann dasjenige Kind, das links neben ihm sitzt, eine weitere Karte umdrehen, auf die alle übrigen Kinder so schnell wie möglich mit ihrer flachen Hand patschen. Dasjenige Kind, das am schnellsten reagiert hat, darf sagen, ob es das, was auf der Karte abgebildet ist, in der Realität geben kann oder nicht.
Auf diese Weise geht's immer weiter, bis alle Karten offen auf dem Tisch liegen.

Mithilfe des Tischspiels soll den Kindern auf eine einfache Weise vor Augen geführt werden, welche Dinge es in der realen Welt geben kann oder einfach der reinen Fantasie entsprungen sind. Spielerisch sollen die Kinder zwischen Wahrheit und Fantasie unterscheiden lernen, die im letzten Fall übrigens auch für Lügengeschichten gebraucht wird.

Ist das eine Lügengeschichte?

Alter: ab 4 Jahren

Material: ein paar verschiedene Dinge, wie z. B. 1 Ball, 1 Pappteller, 1 Spielzeugauto und 1 Kissen

Zeitaufwand: 5–6 Minuten

Spielverlauf:
Die Kinder bilden einen Stuhlkreis, in dessen Mitte Sie vier bis fünf Dinge, z. B. so wie in der Materialliste aufgeführt, legen.
Danach eröffnen Sie die Spielrunde, indem Sie sich irgendetwas aus der Kreismitte holen, wie z. B. einen Ball. Zurück auf Ihrem Platz im Stuhlkreis, erzählen Sie den Kindern eine Geschichte, in der ein Ball vorkommt. Sie können z. B. über ein Fußballturnier berichten, bei dem Sie live dabei gewesen sind. Sie können jedoch auch eine Lügengeschichte erzählen, bei der Sie z. B. mit dem Ball davongeflogen sind, um aus der Vogelperspektive das Fußballstation zu erkunden.
Die Kinder hören genau zu und sollen herausfinden, ob es sich um eine Lügengeschichte handelt oder nicht. Sobald sich alle Kinder der Reihe nach links im Kreis herum dazu äußern konnten, lösen Sie das Rätsel auf.
Danach darf ein Kind sich einen anderen Gegenstand aus der Kreismitte holen, den es für seine Geschichte verwenden möchte, die wahr oder frei erfunden sein kann.
So geht's dann immer weiter, bis alle Gegenstände für jeweils eine Geschichte verwendet wurden.

Eine Geschichte, ob wahr oder nicht, kann besonders lebendig erzählt werden, wenn man hierfür einen Gegenstand auswählt, der in der Geschichte vorkommt. Indem der Gegenstand in der Hand gehalten wird, weiß auch jedes Kind sofort Bescheid, wer von ihnen gerade das Wort hat.

Warum sagt du nicht die Wahrheit?

Alter: ab 4 Jahren

Material: –

Zeitaufwand: 3–5 Minuten

Spielverlauf:
Die Kinder führen im Stuhlkreis das Fingerspiel wie folgt durch:

Der Erste sagt: „Die Wahrheit sage ich!"
Eine Faust bilden und ausgehend vom Daumen …

Der Zweite sagt: „Nein, du belügst mich!"
… den Zeigefinger, …

Der Dritte sagt: „Das finde ich nicht gut!"
… den Mittelfinger, …

Der Vierte sagt: „Ich kriege eine Wut!"
… den Ringfinger und …

Der Fünfte sagt: „Entschuldige einfach dich!"
… den kleinen Finger ausstrecken

Der Erste sagt: „O.k.! Ich entschuldige mich!"
Am Schluss mit einer Hand die andere anfassen

Variante:
Das Fingerspiel bietet sich auch für ein kleines Rollenspiel z. B. im Stuhlkreis an. Dabei treten fünf Kinder, die gerne möchten, der Reihe nach in den Innenkreis, um ihren Satz zu sagen.
Zum Schluss entschuldigt sich das erste Kind bei allen anderen vier Kindern nacheinander per Handschlag.

Das Fingerspiel soll den Kinder verdeutlichen, wie wichtig es ist, ehrlich zu sein. Zudem sollten Kinder wissen, dass eine Lüge von anderen schnell durchschaut werden kann.

Blühende Fantasie

Alter: ab 4 Jahren

Material: 1 Würfel

Zeitaufwand: 3–5 Minuten

Spielverlauf:
Die Kinder sitzen zusammen am Tisch. Eines der Kinder holt sich einen Würfel. Je nachdem, wie hoch die gewürfelte Punktzahl ist, darf es die gleiche Anzahl an Dingen benennen, die es so nicht gibt. Wurde z. B. die Zahl 3 gewürfelt, benennt es passend dazu drei Dinge, wie z. B. einen fliegenden Teppich, einen Traktor mit Blaulicht und eine Kuh mit Rollschuhen. Sind alle Kinder mit den Antworten einverstanden, dann darf dasjenige Kind, das links neben ihm sitzt, das Würfelspiel genauso fortsetzen. Ansonsten dürfen die anderen das Kind korrigieren und somit ihre Meinung kundtun.
Auf diese Weise geht's so lange weiter, bis alle Kinder einmal würfeln und dabei auch ihrer Fantasie freien Lauf lassen konnten.

Kinder haben Spaß an Würfelspielen, bei denen sie zudem miteinander kommunizieren können. Besonders viel Freude bereitet ihnen das Ganze, wenn sie dabei auch etwas flunkern dürfen.

Wer flunkert denn da?

Alter: ab 3 Jahren

Material: 1 Augenbinde; evtl. für jedes Kind 1 weißes DIN-A3-Blatt Papier, Wachsmalstifte

Zeitaufwand: 5–6 Minuten

Spielverlauf:
Alle Kinder sitzen zusammen im Stuhlkreis.
Eines lässt sich von Ihnen die Augen verbinden. Danach gehen Sie auf ein weiteres Kind zu, um ihm etwas ins Ohr zu flüstern, was nicht stimmt. So können Sie z. B. behaupten, dass das Kind Sommersprossen hat oder einfach ein Brillenträger ist. Die übrigen Kinder im Kreis überlegen sich jedoch ein äußeres Merkmal, das auf sie zutreffend ist.
Danach darf das Kind die Augenbinde abnehmen und auf ein Kind zugehen. Es bleibt vor dem betreffenden Kind stehen, um es zu fragen, wie es aussieht. Dabei darf das Kind ein körperliches Merkmal benennen, indem es z. B. sagt:

„Ich habe lange blonde Haare."

Das Kind schaut in diesem Fall auf dessen Kopf, um zu überprüfen, ob es die Wahrheit sagt oder nicht. Falls ja, geht es auf ein anderes Kind im Kreis zu, das nun z. B. behauptet, dass es lila Augen hat. Das Kind sagt in diesem Fall dann:

„Das stimmt aber nicht! Du hast braune Augen!"

Bestätigt das Kind die Aussage, tauschen beide ihre Plätze, sodass eine neue Spielrunde beginnen kann.

Ältere Kinder können auch sich selbst malen und dabei einen kleinen Fehler einbauen, indem sie z. B. eine andere Farbe für ihre Augen oder Haare verwenden. Am Ende können die Kinder sich gegenseitig am Tisch ihre Selbstporträt zeigen und herausfinden, was nicht der Wahrheit entspricht.

Schwindlern auf die Schliche kommen

Alter: ab 5 Jahren

Material: evtl. für jedes Kind weißes 1 DIN-A3-Blatt Papier, Wachsmalstifte

Zeitaufwand: 5–10 Minuten

Spielverlauf:
Alle Kinder stehen im Kreis beisammen.
Erklären Sie den Kindern, dass es nicht immer so einfach ist, jemanden bei einer Lüge zu ertappen. Dennoch gibt es Hinweise, die dafür sprechen können, dass jemand nicht die Wahrheit sagt. Zeigen Sie den Kindern, welche Gesichtsausdrücke dabei entstehen können. Dabei können Sie z. B. die Augen hin und her bewegen, mit den Augen blinzeln oder einfach demonstrativ nach unten schauen. Die Kinder tun es Ihnen gleich, bevor ein paar Kinder, die Sie aufrufen, nacheinander jeweils pantomimisch zeigen, wie man aussehen kann, wenn man lügt. Dabei können sie ein falsches Lächeln zeigen, die Lippen zusammenpressen oder einfach so tut, als ob sie sich an der Wange kratzen würden. Die übrigen Kinder ahmen alles sofort nach.
Ziel ist es, den Kindern bewusst zu machen, wie unwohl man sich beim Lügen fühlen kann, was auch durch die Mimik und Gestik auf unterschiedliche Weise zum Ausdruck kommt.

Indem die Kinder ein Gefühl dafür bekommen, welche physiologischen Reaktionen ein Mensch zeigen kann, wenn ihm etwas unangenehm ist, bietet sich auch eine Malaktion an, bei der z. B. ein Kind mit einem hochroten Kopf gezeichnet werden kann.

Der Lüge auf der Spur

Alter: ab 5 Jahren

Material: –

Zeitaufwand: 5–6 Minuten

Spielverlauf:

Alle sitzen zusammen im Stuhlkreis.

Erklären Sie den Kindern, dass wir auch ohne Worte kommunizieren und allein schon durch unseren Gesichtsausdruck zeigen können, ob wir uns gut oder schlecht fühlen. Und wie verhalten wir uns, wenn wir flunkern? Bevor jedoch die Kinder die Frage beantworten, stellen Sie sich in die Kreismitte und sagen den folgenden Spruch:

„An die Nase greifen, mit den Schultern zucken und was noch?
Hände reiben, im Gesicht erröten, Augen verdrehen und was noch?
Du bist dran!"

Bei jeder Silbe deuten Sie im Uhrzeigersinn auf die einzelnen Kinder. Dasjenige Kind, auf das Sie am Schluss zeigen, ist an der Reihe. Es stellt dar, wie es seiner Meinung nach aussehen kann, wenn es einen Fehler gemacht hat und flunkert. Dabei kann es, so wie im Spruch erwähnt, etwas vormachen oder sich einfach etwas Neues ausdenken, indem es z. B. die Arme verschränkt, und den Kopf senkt.

Auf diese Weise wird das Spiel noch ein paarmal fortgesetzt.

Im Anschluss daran sollten Sie den Kindern noch einmal verdeutlichen, dass die Körpersprache, aber auch der Tonfall und die Art und Weise wie man spricht einen Lügner oder eine Lügnerin entlarven kann. Denn Lügen bedeutet Stress, der in der Regel auch den anderen nicht verborgen bleibt.

Mithilfe der Praxisidee soll den Kindern verdeutlicht werden, dass wir auch nonverbal miteinander kommunizieren. Auf diese Weise zeigen wir auch, wie wir uns gerade fühlen.

Ich habe meine Zweifel

Alter: ab 5 Jahren

Material: 1 Sanduhr, für jedes Kind 1 weißes DIN-A3-Blatt Papier, Wachsmalstifte

Zeitaufwand: 10–15 Minuten

Spielverlauf:
Die Kinder holen ihre Malutensilien und setzen sich zusammen an einen Tisch. Jedes Kind darf etwas malen, das es entweder bereits schon gut kann oder gerne können würde. Im letzten Fall können das auch Dinge sein, die absurd sein können, wie z. B. so wie ein Vogel fliegen oder mit einer Rakete auf dem Mond landen. Sobald jedoch alle Kunstwerke fertiggestellt sind, darf eines der Kinder sein Bild vorstellen und dazu auch eine Geschichte erzählen, die der Wahrheit entsprechen kann oder nicht. Die übrigen Kinder hören aufmerksam zu und dürfen der Reihe nach im Uhrzeigersinn sagen, ob sie an dem, was sie gehört haben, irgendwelche Zweifel haben.
Unabhängig davon darf dasjenige Kind, das links neben dem Kind sitzt, sein Bild dann herzeigen und dazu eine weitere Geschichte erzählen.
Auf diese Weise geht's immer weiter, bis alle Kinder an der Reihe gewesen sind.

Mithilfe der Malaktion soll den Kindern bewusst gemacht werden, dass sie nicht alles zu glauben brauchen, was ihnen gezeigt und gesagt wird. Sollten sie das Gefühl haben, dass sie angeflunkert werden, dürfen sie natürlich auch nachfragen, um der Sache auf den Grund zu gehen.

Was du so von dir gibst

Alter: ab 3 Jahren

Material: –

Zeitaufwand: 3–5 Minuten

Spielverlauf:
Die Kinder sitzen zusammen am Tisch.
Alle verwenden ihren eigenen Körper als Instrument und machen passend zu dem Text, den Sie vorlesen, Folgendes:

„Was du so von dir gibst, kann wohl nicht sein!
Mit den Händen stampfen? Das kann nicht sein!“
Alle stampfen mit den Füßen

„Was du so von dir gibst, kann wohl nicht sein!
Mit den Füßen klatschen? Das kann nicht sein!“
Alle klatschen mit den Händen

„Was du so von dir gibst, kann wohl nicht sein!
Mit den Fingern schnalzen? Das kann nicht sein!“
Alle schnipsen mit den Fingern

„Was du so von dir gibst, kann wohl nicht sein!
Mit der Zunge schnipsen? Das kann nicht sein!“
Alle schnalzen mit der Zunge

„Was du so von dir gibst, kann wohl nicht sein.
Auf die Oberschenkel patschen! Stopp! Kann das sein?“
Sobald alle Kinder die Frage bejaht haben, patschen sie mit den Händen auf die Oberschenkel

„Etwas anzusprechen, finde ich prinzipiell gut.
Fehler zuzugegeben, dazu gehört oft viel Mut!“
Daumen hochhalten

Mithilfe des Fingerspiels soll den Kindern bewusst gemacht werden, dass sie auch Dinge hinterfragen und anzweifeln können. Sollte sich jedoch herausstellen, dass sie nicht richtig gelegen haben, dann ist natürlich auch eine Entschuldigung angebracht.

Aus Liebe zur Wahrheit

Alter: ab 5 Jahren

Material: 1 roter Wollknäuel

Zeitaufwand: 3–5 Minuten

Spielverlauf:
Alle Kinder sitzen zusammen im Stuhlkreis.
Zu Beginn holen Sie sich einen roten Wollknäuel. Die Kinder geben den Wollknäuel von Hand zu Hand im Uhrzeigersinn herum und wickeln dabei stets ein Stück Faden vom Knäuel ab, das sie dann locker gespannt in den Händen halten. Danach darf dasjenige Kind, das den Wollknäuel hat, z. B. Folgendes sagen:

„Ich liebe die Wahrheit, weil Lügen mir sonst große Bauchschmerzen bereiten!"

Daraufhin übergibt es den Wollknäuel demjenigen Kind, das ihm zuvor den Wollknäuel überreicht hat. Das betreffende Kind wickelt das Stück Faden wieder auf und sagt z. B.:

„Ich liebe die Wahrheit, weil mich Lügen sehr traurig machen!"

Auf diese Weise geht's immer weiter, bis das erste Kind den Wollknäuel wieder in den Händen hält.
Im Anschluss daran können Sie den Kindern anhand des roten Wollknäuels verdeutlichen, dass man sich immer mehr in Lügen verstricken kann. Am Ende entsteht dann im wahrsten Sinne des Wortes ein Knäuel aus Lügen, der übrigens auch schwer im Magen liegen und Kopfschmerzen verursachen kann.

Wo ist der Fadenanfang und wo das Fadenende? Wenn man ständig lügt, weiß man oftmals nicht mehr, wie das Ganze angefangen hat. Zeigen Sie den Kindern anhand des Wollknäuels, wie es einem dabei ergehen kann. Dennoch sollten die Kinder wissen, dass es durchaus auch Menschen gibt, denen sie ihre Sorgen und Nöte anvertrauen können.

Angst, Neid und Not - Warum Menschen lügen

Hintergründe und Motive der Unwahrheit spielerisch entdecken

Einer der häufigsten Gründe, die Kinder zum Lügen veranlassen, ist sicherlich die Angst vor möglichen Konsequenzen, denn kein Kind möchte z. B. von einem Spielbereich oder -angebot aufgrund eines Fehlverhaltens ausgeschlossen werden. Kinder können jedoch auch die Unwahrheit sagen, um andere zu unterstützen, zu schützen oder einfach zu ärgern. Darüber hinaus können sie nach mehr Anerkennung in der Gruppe streben und dabei mit Sachen und Erlebnissen prahlen, die nicht existieren. Nicht zuletzt gibt es natürlich auch Notlügen, die dazu dienen, andere z. B. nicht zu kränken oder sie einfach zu überraschen.
Schwindeln, schummeln, tricksen, mogeln und auf den Arm nehmen: Im dritten Kapitel sollen die Kinder die Ursachen für das Lügen etwas näher beleuchten, die allesamt eine gewisse soziale Intelligenz voraussetzen und für das betreffende Kind selbst, damit es niemand merkt, eine enorme Herausforderung darstellen. Indem die Kinder spielerisch mögliche Gründe von kleinen Schwindeleien bis hin zu handfesten Lügen kennenlernen, wird ihnen auch verdeutlicht, wie viel Kraft das kosten kann, um beim Lügen nicht ertappt zu werden. Zudem soll den Kindern bewusst gemacht werden, was sie im Vorfeld tun können, damit kein Kind schwindeln oder eine Geschichte erfinden muss, um von der Gruppe angenommen und akzeptiert zu werden. Nicht zuletzt erfahren die Kinder aber auch, weshalb man manchmal trotzdem Fantasiegeschichten erzählen darf, die nicht viel mit der Realität zu tun haben.

„Schweigen kann die grausamste Lüge sein."

Robert Louis Stevenson (1850–1894), schottischer Schriftsteller des viktorianischen Zeitalters

Aufräumen mit der kleine Hexe

Alter: ab 3 Jahren

Material: 1 Handtrommel, 1 Uhr mit Sekundenzeiger

Zeitaufwand: 5–10 Minuten

Spielverlauf:
Es ist Zeit zum Aufräumen. Hat wieder einmal kein Kind etwas mit dem kreativen Chaos zu tun? Kein Problem! Dann holen Sie sich einfach eine Handtrommel, mit der Sie zu jeder Silbe des folgenden Spruchs einmal kurz trommeln:

„1, 2, 3 das Spielen ist vorbei!
4, 5, 6 wer hat das alles verhext?
Kommt alle schnell in den Kreis.
Wer das von euch wohl weiß?"

Die Kinder bilden einen Kreis und dürfen die Frage nacheinander im Uhrzeigersinn beantworten. Sollten die Kinder das untereinander nicht klären können oder sich gegenseitig gar beschuldigen, wird wohl eine kleine Hexe am Werk gewesen sein. In diesem Fall gibt es nur eine Lösung: Sobald Sie den folgenden Hexenspruch aufgesagt haben, räumen alle so schnell wie möglich ihre Spielsachen auf:

„1, 2, 3 das Spiel ist vorbei.
4, 5, 6 alles wird zurück gehext!"

Je nachdem, wie viel Unordnung im Raum ist, bekommen die Kinder zum Aufräumen bis zu fünf Minuten Zeit. Schaffen die Kinder die Aufgabe in der vorgegebenen Zeit? Ansonsten erhalten Sie von Ihnen eine nicht ganz so lange „Nachspielzeit".

Ist die Spielzeit beendet, kann es vorkommen, dass manche Kinder flunkern, damit sie nicht aufräumen müssen. Für Außenstehende ist es jedoch oftmals schwer, die Kinder, die mit den Sachen tatsächlich gespielt haben, ausfindig zu machen. In diesem Fall kann die „kleine Hexe“ zum Einsatz kommen, die alle Kinder zum Aufräumen motiviert.

Meins oder deins?

Alter: ab 4 Jahren

Material: 1 Spielzeug, wie z. B. 1 Puppe oder 1 Kleidungsstück einer Puppe

Zeitaufwand: 5–10 Minuten

Spielverlauf:
Die Kinder bilden einen Stuhlkreis und überlegen, ob es schon einmal eine Situation gegeben hat, bei der sie mit einem anderen Kind wegen einem begehrten Spielobjekt gestritten haben. Vielleicht sind beide der Meinung gewesen, dass es ihnen gehört. Wer sagt jedoch die Wahrheit?
Damit den Kindern bewusst wird, wie es zu einer derartigen Situation überhaupt kommen kann, erhalten zwei Kinder z. B. ein Kleidungsstück von einer Puppe, um das sie sich vor den Augen der anderen streiten. Dabei behauptet jedes Kind, dass das andere lügt und es sich somit um sein Eigentum handelt.
Nach dem kurzen Schauspiel soll sich die Gruppe überlegen, weshalb einer von beiden nicht die Wahrheit gesagt hat. Vielleicht möchte das Kind, das lügt, einfach das haben, was das andere besitzt. Es kann auch sein, dass eines von beiden glaubt, dass es sein Spielzeug ist. In diesem Fall handelt es sich um eine Verwechslung.
Und wie lässt sich ein solcher Konflikt friedlich regeln? Eine mögliche Antwort können z. B. sein: Jedes Kind erhält das Spielzeug für eine gewisse Zeit oder beide Kinder wenden sich einfach anderen Dingen zu.

In der Kita kommt es immer wieder vor, dass zwei Kinder sich um etwas streiten, von dem beide behaupten, dass sie ein Anrecht darauf haben. Wie soll damit umgegangen werden? Mithilfe der Praxisidee soll den Kindern verdeutlicht werden, wie schwierig es manchmal sein kann, hierfür eine faire Lösung zu finden.

Wer möchte schon verlieren?

Alter: ab 4 Jahren

Material: 1 Ball, 2 Karten, 2 Spielzeugautos, 3 Würfel und ein paar Spielfiguren

Zeitaufwand: 3–5 Minuten

Spielverlauf:
Die Kinder sitzen zusammen am Tisch, auf den Sie die o. g. Sachen gelegt haben. Zu Beginn fragen Sie die Kinder, ob sie auch schon einmal bei einem Ball-, Würfel-, Karten- oder Brettspiel oder gar Autorennen geschummelt haben. Danach dürfen sich diejenigen Kinder, die sich gerne dazu äußern möchten, der Reihe nach einen Gegenstand aussuchen und erzählen, wie sie z. B. einen Ball ein paarmal auf den Boden geprellt und sich dabei „zufällig" verzählt haben, sodass sie am Ende die Nase vorne hatten. Vielleicht haben sie aber auch bei einem Brettspiel geschummelt, mit dem Ziel, das Spiel zu gewinnen.
Sobald jedoch alle Kinder an der Reihe gewesen sind, können natürlich auch Sie aus dem Nähkästchen plaudern und den Kindern ihre kleine Sünden beichten. Machen Sie den Kindern bewusst, dass viele von uns zwar lieber auf der Seite der Gewinner sind, dass jedoch schummeln unfair ist.

Wer hat schon einmal geschummelt? Hand aufs Herz! Indem die Kinder darüber sprechen, wird ihnen bewusst gemacht, dass niemand fehlerfrei ist. Dennoch macht es doppelt so viel Spaß, wenn man auf ehrliche Weise ein Spiel gewinnt.

Das mag ich aber auch

Alter: ab 4 Jahren

Material: –

Zeitaufwand: 3–5 Minuten

Spielverlauf:
Alle Kinder sitzen zusammen am Tisch und holen ihre Brotdosen aus ihren Taschen, um miteinander zu frühstücken.
Bevor jedoch das Frühstück beginnt, fragen Sie die Kinder, ob es richtig ist, wenn man ungefragt etwas aus einer Brotdose nimmt, die einem nicht gehört. Sind sich alle Kinder darüber einig, dass das nicht in Ordnung ist, bietet sich folgendes Fingerspiel an:

Der Erste sagt:
„Hallo! Wer hat meine Banane gegessen?"
Ein Affe hat sie bestimmt nicht gefressen!"
Eine Faust bilden und erst den Daumen, ...

Der Zweite sagt:
„Ich schwöre! Ich war das aber nicht!"
... dann den Zeigefinger ...

Der Dritte sagt:
„Haha! Das glaube ich dir einfach nicht!"
und schließlich den Mittelfinder ausstrecken

Der Erste sagt:
„Schade, dass keiner dazu stehen kann.
Eine Entschuldigung wäre nötig dann!"
Danach wieder nur den Daumen ausstrecken

Im Anschluss daran sollen die Kinder sich überlegen, weshalb ein Kind das wohl getan hat. Vielleicht hatte das betreffende Kind Appetit auf eine Banane oder einfach Hunger? Und wie hätte sich das betreffende Kind anders verhalten können? Mögliche Antworten könnten sein: Das betreffende Kind höflich danach fragen oder ihm etwas zum Tauschen für die Banane anbieten.

Jedes Kind hat bestimmt schon einmal Lust auf das gehabt, was ein anderer gerade hat. Einfach etwas wegnehmen und so tun, als ob man nichts gemacht hat, ist jedoch keine gute Lösung. So kann z. B. das Essen, so wie hier abgebildet, geteilt werden.

Ich war das nicht!

Alter: ab 4 Jahren

Material: 1 Bauklotz

Zeitaufwand: 3–5 Minuten

Spielverlauf:
Alle Kinder bilden einen Stuhlkreis.
Zu Beginn holen Sie sich einen Bauklotz und setzen sich zu den Kindern in den Stuhlkreis. Dort angekommen, erzählen Sie den Kindern eine Geschichte, bei der einige Kinder in der Bauecke einen großen Turm bauen. Irgendwann jedoch fällt der Turm in sich zusammen, da ein Kind ihn absichtlich mit einem Faustschlag kaputt gemacht hat. An dieser Stelle können Sie das Foto von S. 65 zeigen. Weil jedoch alles sehr schnell passiert ist, weist jedes Kind, das am Turmbau beteiligt gewesen ist, die Schuld von sich. Weshalb kann jedoch das schuldige Kind die Wahrheit verschweigen? Eines der Kinder erhält von Ihnen einen Baustein und darf hierzu seine Vermutung preisgeben, indem es z. B. sagt:

„Vielleicht hat das Kind Angst davor, dass die anderen es dann nicht mehr mögen!"

Danach übergibt es den Baustein demjenigen Kind, das links neben ihm sitzt.
Das Kind kann z. B. folgende Antwort parat haben:

„Es kann auch sein, dass das Kind eine Wut im Bauch hatte und deshalb den Turm kaputt gemacht hat. Nun hat es Angst davor, bestraft zu werden, sodass es alles abstreitet."

Danach wandert der Baustein zum nächsten Kind im Kreis.
Auf diese Weise geht's immer weiter, bis das ursprüngliche Kind wieder den Baustein in den Händen hält.

Indem Sie den Kindern das Foto zeigen, erhalten sie einen kleinen Eindruck davon, was ein Faustschlag, der in diesem Fall gegen den Turm gerichtet ist, anrichten kann. Danach sollen sie auch überlegen, weshalb man niemals im Affekt handeln und vor allem auch zu dem, was man getan hat, stehen sollte.

Du gehörst trotzdem dazu

Alter: ab 4 Jahren

Material: für die Anzahl der Kinder + 1 jeweils 1 rundes rotes und grünes Faltblatt, zwei Nadeln

Zeitaufwand: 3–5 Minuten

Spielverlauf:
Die Kinder holen sich jeweils ein rotes und grünes Faltblatt und bilden einen Halbkreis vor einer Pinnwand, auf die Sie die beiden zusätzlichen Faltblätter auf Augenhöhe der Kinder direkt nebeneinander anpinnen.
Alle Kinder überlegen sich etwas, was ihrer Meinung nach die anderen beeindruckt, jedoch nicht der Wahrheit entsprechen muss. Danach stellt sich ein beliebiges Kind direkt vor die Pinnwand und sagt z. B.:

„Ich bin schon einmal mit einem Hubschrauber geflogen!"

Stimmt das wirklich? Je nachdem, was die Kinder vermuten, können sie entweder ihr grünes oder rotes Faltblatt in die Luft heben, bevor das betreffende Kind das Rätsel auflöst und entweder vor dem runden grünen Faltblatt den Daumen hoch hebt oder vor dem runden roten den Daumen senkt.
Danach ist ein anderes Kind, das gerne möchte, dran. Es kann dann den anderen etwas genauso Beeindruckendes erzählen. Was werden wohl die anderen Kinder darüber denken?
Auf diese Weise kommen alle Kinder, die es gerne möchte, irgendwann an die Reihe.

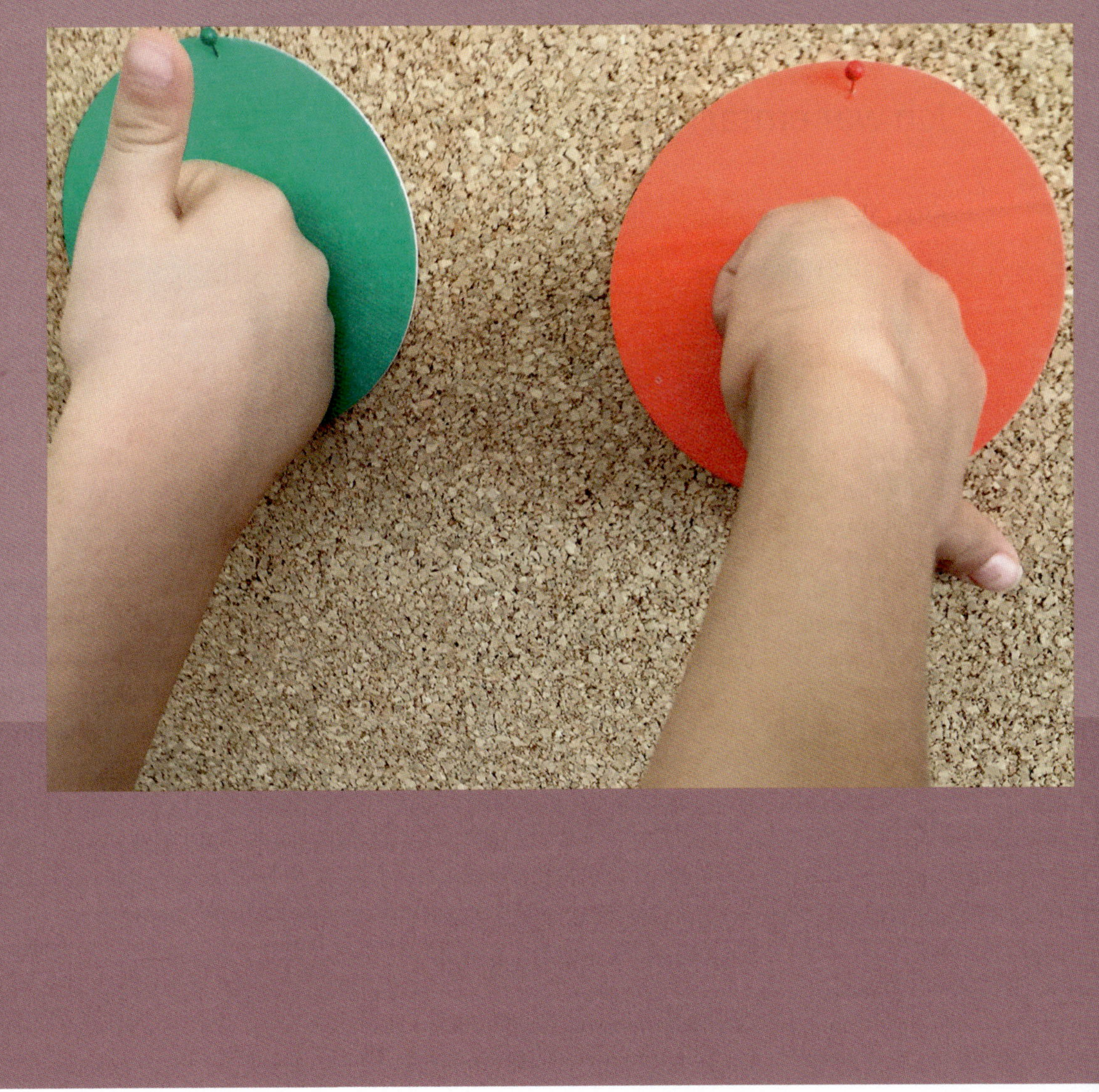

Auf verspielte Weise soll den Kindern bewusst gemacht werden, dass Menschen auch mit Fähigkeiten und Dingen prahlen können, die sie vielleicht gar nicht besitzen. Erklären Sie den Kindern, dass sie niemandem etwas beweisen müssen, um anerkannt und gemocht zu werden.

Ich war einfach neidisch

Alter: ab 5 Jahren

Material: 2 Handpuppe

Zeitaufwand: 5–10 Minuten

Spielverlauf:
Während die Kinder einen Stuhlkreis bilden, erhalten zwei Kinder jeweils eine Handpuppe. Während die beiden Kinder sich mit ihren Handpuppen im Innenkreis direkt einander gegenüber stellen, lesen Sie den Text vor. Passend dazu bewegen die Kinder abwechselnd ihre Handpuppen:

Handpuppe 1: „Was ist denn los?
Was hast du bloß?"

Handpuppe 2: „Alle lachen einfach über mich.
Kein Kind mag nämlich mich."

Handpuppe 1: „Ich glaube, das betrifft nun mich.
Ich erfand Geschichten über dich."

Handpuppe 2: „Was hast du denn gemacht?
Weshalb haben alle gelacht?"

Handpuppe 1: „Du bist immer so unglaublich gut
Deshalb hatte ich eine innere Wut!"

Handpuppe 2: „Das ist nicht schön und gut!
Das zuzugeben, erfordert Mut!"

Handpuppe 1: „Sorry, neidisch und blöd war ich.
Deshalb erzählte ich Mist über dich!"

Im Anschluss daran dürfen die Kinder der Reihe nach berichten, worauf man vielleicht selbst schon einmal neidisch gewesen ist. Das können bestimmte Fähigkeiten und Eigenschaften sein, die andere haben und man selbst gerne hätte, wie z. B. einen bestimmten Papierflieger basteln, einen Purzelbaum machen oder gar den eigenen Namen schreiben.

Fragen Sie die Kinder, weshalb man auf ein anderes Kind neidisch und eifersüchtig sein kann. Dabei können Sie den Kindern das Foto zeigen.
Im Anschluss daran sollten Sie jedoch den Kindern bewusstmachen, dass man deswegen keinesfalls ein Kind fertigmachen darf.

Peinlich und unangenehm

Alter: ab 3 Jahren

Material: –

Zeitaufwand: 3–5 Minuten

Spielverlauf:
Die Kinder sitzen zusammen im Stuhlkreis und überlegen, ob sie schon einmal eine Situation erlebt haben, die für sie unangenehm gewesen ist. Vielleicht haben sie sich geschämt und deshalb so getan, als ob sie nichts davon bemerkt hätten. Danach führen sie das folgende Fingerspiel durch:

„Neulich landete eine extra Portion Soße
nicht auf dem Teller, sondern auf meiner Hose.
Oh wie peinlich! Das darf doch nicht sein.
Ich sage nichts! Die Wahrheit weiß ich allein."
Eine Faust bilden und erst den Daumen, ...

„Ich musste neulich sogar pupsen im Wagen.
Ich tat bei allen so, als knurrte nur mein Magen.
Oh wie peinlich! Das darf doch nicht sein.
Ich sage nichts! Die Wahrheit weiß ich allein."
... dann den Zeigefinger...

„Und ich rülpste neulich bei Tisch.
Danach verstummte ich wie ein Fisch.
Oh wie peinlich! Das darf doch nicht sein.
Ich sage nichts! Die Wahrheit weiß ich allein"
und schließlich den Mittelfinger ausstrecken

Erklären Sie den Kindern, dass z. B. Körpergeräusche durchaus normal sind, obwohl niemand in der Gemeinschaft gerne damit auffallen möchte. Anstatt sich so wie das Kind auf dem Bild am liebsten klein und unsichtbar zu machen, kann man, wenn so etwas doch einmal passieren sollte, auch darüber herzhaft lachen, einen kleinen Witz machen oder schlicht und einfach „Sorry! Das war keine Absicht!" sagen.

Ich bin größer als du

Alter: ab 4 Jahren

Material: 1 Handtrommel; evtl. 4 Markierungskegel

Zeitaufwand: 3–5 Minuten

Spielverlauf:
Alle Kinder verteilen sich auf einem überschaubaren Spielfeld, das Sie mithilfe von vier Markierungskegeln kennzeichnen können.
Zum Rhythmus des Trommelspiels, das durch Sie erfolgt, gehen alle Kinder einzeln auf dem Spielfeld herum. Stoppt das Trommeln, rufen Sie ein beliebiges Kind namentlich auf, das vom Platz aus auf Ihre Anweisung hin sich z. B. auf die Suche nach einem größeren Kind machen darf. Konnte es ein solches Kind seiner Meinung nach ausfindig machen, dürfen die beiden Kinder aufeinander zugehen, um zu kontrollieren, ob die Vermutung des Kindes der Wahrheit entspricht oder nicht.
Unabhängig davon, trommeln Sie dann erneut, um die nächste Spielrunde zu starten .

Beispiele für weitere Spielrunden:
Ein Kind darf auf Ihre Anweisung hin sich auf die Suche nach einem Kind machen, dass ...

... längere Haare hat,
... kleiner ist,
... oder etwa eine hellere Hose trägt.

Es muss sich nicht immer um eine Lüge handeln, wenn sich eine Behauptung im Nachhinein als falsch herausstellt. Machen Sie den Kindern bewusst, dass es manchmal einfach nur ein Irrtum sein kann, der menschlich ist und jedem von uns passieren kann.

Zeitungsente

Alter: ab 5 Jahren

Material: für jedes Kind und für Sie eine alte Zeitung, 1 Ente aus Plastik o. Ä.

Zeitaufwand: 3–5 Minuten

Spielverlauf:
Erklären Sie den Kindern, die zusammen am Tisch sitzen, dass eine Zeitungsente nicht im geringsten etwas mit dem Tier Ente zu tun hat. Vielmehr handelt es sich dabei um eine Geschichte oder Nachricht, die in der Zeitung steht und einfach nicht stimmt, da sich die Journalisten geirrt haben.
Zu Beginn holen Sie sich eine Entenfigur, die Sie auf die Tischmitte stellen.
Jedes Kind erhält nun von Ihnen eine alte Zeitung, die es einrollt. Danach schlagen Sie Ihre Zeitung auf und tun so, als ob Sie einen Zeitungsartikel vorlesen würden, dessen Inhalt durchaus wahr oder aber sehr unrealistisch sein kann. Danach rufen Sie laut:

„Ist das eine Zeitungsente?“

Diejenigen Kinder, die das glauben, schlagen nun so schnell wie möglich mit ihrer Zeitung auf die Ente. Sollte die Vermutung stimmen, gewinnt dasjenige Kind, das am schnellsten richtig reagiert hat, das Spiel. Falls es sich jedoch um eine falsche Nachricht handelt, gewinnen alle Kinder das Spiel, die nicht darauf reingefallen sind und somit einfach nur ruhig dasitzen.
Unabhängig davon, fängt dann eine neue Spielrunde an, bei der die Kinder auf die gleiche Weise weitere News von Ihnen erfahren, die sich so zugetragen haben können oder nicht.

Die Kinder sollen wissen, dass man nicht alles, was in den Medien berichtet wird, glauben darf. Leider gibt es vor allem auch in den sozialen Netzwerken immer wieder Falschmeldungen mit manipulativer Absicht („Fake News"). Davon sollten Kinder kurz vor dem Schuleintritt zumindest schon einmal gehört haben.

Weißt du, was ich dabei fühle?

Sich in andere hineinversetzen und Empathie entwickeln

Traurig, enttäuscht und wütend: So kann sich ein Kind fühlen, wenn es von einem anderen Kind angelogen wird. Dennoch können Kinder in der Regel schnell wieder dem anderen verzeihen und somit auch ohne Hintergedanken befreundet bleiben.

Etwas empfindlicher reagieren jedoch auch Kinder, wenn jemand ständig ihre Grenzen überschreitet und sich ihnen oder anderen gegenüber einfach schlecht verhält. In diesem Fall kann es durchaus passieren, dass das Kind den Kontakt zu demjenigen Kind abbricht, das es selbst oder ein anderes Kind z. B. ständig ärgert und schikaniert. Noch schlimmer wird das Ganze, wenn mehrere Kinder daran beteiligt sind.

Das vierte Kapitel enthält nun Praxisideen, die Kinder zum Nachdenken anregen und ihnen verständlich machen, dass niemand gerne angelogen werden möchte, es sei denn, es handelt sich um etwas Schönes, wie z. B. eine Überraschung, die mit ganz viel Freude verbunden ist. Bei den nachfolgenden Praxisideen sollen die Kinder jedoch in erster Linie ihre Aufmerksamkeit auf Unwahrheiten lenken, die kein gutes Bauchgefühl erzeugen. Spielerisch soll den Kindern bewusst gemacht werden, welche negative Gefühle Lügen auslösen können, die im schlimmsten Fall sogar krank machen.

Ziel ist es, dass die Kinder begreifen lernen, welche physische und psychische Folgen so manche Flunkerei und Lügengeschichte haben kann.

„Alle Disharmonie ist Unwahrheit."

Bettina von Arnim (1785–1859), deutsche Schriftstellerin

Was fühlst du dabei?

Alter: ab 5 Jahren

Material: 1 Teddybär o. Ä.

Zeitaufwand: 3–5 Minuten

Spielverlauf:
Die Kinder befinden sich im Stuhlkreis.
Zu Beginn holen Sie sich einen Teddybären und sagen Folgendes:

„Hallo Kinder! Ich habe da eine einfache Frage.
Wie fühlst ihr euch, wenn ihr angelogen werdet?“

Zeigen Sie den Kindern, wie Sie sich fühlen, wenn eine oder mehrere Personen über Sie Lügengeschichten erzählen oder ein Versprechen brechen.
Hierbei können Sie sich mit dem Teddy, z. B. so wie auf dem Foto von S. 79 abgebildet, in die Kreismitte auf den Boden setzen. Konnten Sie den Kindern zeigen, wie enttäuscht und niedergeschlagen Sie sind, dann übergeben Sie den Teddy einem anderen Kind, das in der Kreismitte ebenfalls zeigen darf, wie es sich fühlt, wenn es von jemand anderem angelogen wird.
Auf diese Weise kommen noch ein paar Kinder an die Reihe, die ihre Enttäuschung und Traurigkeit mithilfe des Teddys zum Ausdruck bringen.

Das Foto kann ein guter Gesprächseinstieg zu der Praxisidee „Was fühlst du dabei?" sein. Danach können die Kinder auf verspielte Weise zeigen, wie sich sich fühlen, wenn sie z. B. von einem Kind angelogen werden.

Das macht mich wütend

Alter: ab 4 Jahren

Material: –

Zeitaufwand: 3–5 Minuten

Spielverlauf:
Die Kinder bilden einen Stuhlkreis, in dessen Mitte Sie sich begeben.
Während Sie nun den folgenden Spruch aufsagen, deuten Sie im Uhrzeigersinn bei jeder Silbe auf die einzelnen Kinder:

„Lügen finde ich nicht gut.
Es erzeugt bei mir eine Wut.
Und wie geht's dir dabei?"

Dasjenige Kind, auf das Sie nun als Letztes deuten, darf nun sagen, wie es sich fühlt, wenn z. B. ein anderes Kind ihm etwas versprochen hat, sich jedoch nicht daran hält. Das Kind kann dann der Gruppe mitteilen, wie traurig und enttäuscht es sich dabei fühlt. Dabei zeigt es auch, wie sich der Gefühlszustand äußert, indem es z. B. die Schultern hängen lässt, einen traurigen Gesichtsausdruck macht und dabei so tut, als ob es weinen würde.
Anschließend tauscht das betreffende Kind mit Ihnen den Platz und wiederholt das Spiel, indem es auch den Spruch aufsagt und dabei links im Kreis herum bei jeder Silbe auf die einzelnen Kindern deutet. Dasjenige Kind, auf das es am Schluss zeigt, darf dann sagen und zeigen, wie es sich fühlt, wenn z. B. ein anderes Kind ein Versprechen ihm gegenüber bricht.
Auf diese Weise finden noch ein paar Spielrunden statt.

Indem Sie den Kindern das Bild zeigen, wird den ihnen eindrucksvoll vor Augen geführt, wie sehr falsche Versprechungen traurig machen können. Es tut einfach weh, wenn man enttäuscht wird. Deshalb sollten Kinder bereits in der Kita spielerisch lernen, ehrlich und respektvoll miteinander umzugehen.

Alle tuscheln über mich

Alter: ab 4 Jahren

Material: 1 Handpuppe

Zeitaufwand: 3–5 Minuten

Spielverlauf:
Während die Kinder einen Stuhlkreis bilden, holen Sie sich eine Handpuppe, mit der Sie sich zwischen zwei Kinder setzen und dann Folgendes sagen:

„Ich das denn schön, frage ich nun dich:
Alle erzählen so viel Blödsinn über mich!"
Mit der Handpuppe auf sich selbst zeigen und dann rundherum auf die Kinder im Kreis

„Kennst du auch das Gefühl alleine zu sein?
Wir sind ein Team. Das kann's wohl nicht sein!"
Mit der Handpuppe auf sich selbst zeigen und dann rundherum auf die Kinder im Kreis

Fragen Sie nun die Kinder, ob sie auch schon einmal erlebt haben, wie die anderen über sie getuschelt und Blödsinn erzählt haben. Wie haben sich die betreffenden Kinder dabei gefühlt? Traurig, enttäuscht oder gar verzweifelt und einsam? Wer sich dazu äußern möchte, darf es der Handpuppe erzählen, mit der Sie sich dann vor das Kind hinknien.

Mithilfe des Fotos soll den Kindern noch einmal bewusst gemacht werden, wie schlecht man sich fühlt, wenn man von mehreren Kindern einfach ausgegrenzt wird. Ziel ist es, den Kindern zu zeigen, dass sich sich alle in der Gruppe wohl und dazugehörig fühlen sollen. Deshalb darf kein Kind von anderen so behandelt werden.

Ich verstehe dich nicht

Alter: ab 4 Jahren

Material: –

Zeitaufwand: 3–5 Minuten

Spielverlauf:
Die Kinder sitzen zusammen im Stuhlkreis und führen folgendes Fingerspiel durch:

„Stinksauer bin ich auf dich.
Was erzählst du über mich?“
Auf sich selbst deuten

„Ich kann es nicht verstehen.
Du sollst einfach weggehen.“
Mit dem Zeige- und Mittelfinger auf dem Oberschenkel spazieren gehen

„Stopp! Das kann nicht sein!
Du bist doch nicht so gemein!“
Sich gegenseitig die flache Hand zeigen

„Ich kann es einfach nicht verstehen.
Lass uns reden und spazieren gehen.“
Mit dem Zeige- und Mittelfinger auf dem Oberschenkel spazieren gehen

Im Anschluss daran sollten Sie den Kindern bewusst machen, dass es manchmal auch „nur“ Missverständnisse sind, die zu Streitigkeiten führen und einen stinksauer machen können. Deshalb ist es so wichtig, miteinander über das, was einen stört, zu sprechen.

Während Sie den Kindern das Foto zeigen, sollen die Kinder darüber spekulieren, weshalb das abgebildete Kind so unglücklich aussieht.
Es muss nicht immer eine böswillige Absicht sein. Manchmal kann auch einfach ein Missverständnis dazu führen, dass man enttäuscht, traurig oder gar wütend auf jemand anderen ist.

Ich könnte vor Wut schreien

Alter: ab 4 Jahren

Material: 1 roter Softball o. Ä.

Zeitaufwand: 3–5 Minuten

Spielverlauf:
Die Kinder stehen zusammen im Kreis. Eines von ihnen holt sich einen Softball. Fragen Sie nun die Gruppe, wie es ihnen geht, wenn jemand z. B. das, was sie gebaut haben, kaputt macht und dabei so tut, als ob es keinerlei Schuld daran hat. Dasjenige Kind, das den roten Ball in der Hand hält, hat das Wort und sagt z. B.:

„Das macht mich wütend!"

Dabei kann es z. B. ganz laut brüllen, bevor es den Ball einem anderen Kind zuwirft, das nun z. B. sagt:

„Ich bin dann stinksauer!"

Das betreffende Kind kann dabei heftig auf den Boden stampfen. Danach wirft es dem Ball einem anderen Kind zu, das dann z. B. sagt:

„Ich bin dann sehr traurig!"

Auf diese Weise wird das Ballspiel so lange fortgesetzt, bis jedes Kind zumindest einmal zu Wort gekommen ist.

Das Foto eignet sich hervorragend als Gesprächseinstieg zum Thema „Wut". Machen Sie den Kindern bewusst, dass es auch eine innere Wut gibt, die jedoch krank machen kann. Deshalb ist es gut, wenn man negative Gefühle nicht unterdrückt, sondern möglichst ruhig und sachlich sagt, was man denkt und gerne möchte.

Daumen hoch, mittig oder runter?

Alter: ab 5 Jahren

Material: –

Zeitaufwand: 3–5 Minuten

Spielverlauf:
Die Kinder sitzen an einem Tisch.
Je nachdem, was Sie nun sagen, dürfen die Kinder, falls Sie den Inhalt Ihres Satzes gut finden, den Daumen hoch oder, falls Sie den Inhalt weder gut noch schlecht finden, den Daumen mittig halten. Sollte Sie jedoch eine Unwahrheit erzählen, dann halten alle den Daumen nach unten.
Die Kinder sprechen darüber, falls sie in irgendeinem Punkt völlig uneinig sind.

Beispiele:

Daumen hoch: Ein Freund oder eine Freundin überrascht dich mit einem kleinen Geschenk, möchte mir dir spielen oder dir beim Aufräumen helfen.

Daumen mittig: Ein Freund oder eine Freundin möchte mit dir trotz Regenwetter draußen spielen, möchte etwas von dir ausleihen oder bittet dich, ihm beim Aufräumen zu helfen

Daumen unten: Ein Freund oder eine Freundin erzählt Blödsinn über dich, tuschelt hinter deinem Rücken und verbreitet Lügen oder macht etwas kaputt und sagt, dass Du es gewesen bist.

Ziel ist es, dass die Kinder erkennen, wie es sich anfühlt, wenn sie einer Lüge bezichtigt und dabei vielleicht auch für das, was sie nicht verursacht haben, zur Verantwortung gezogen werden. Mithilfe der Praxisidee soll den Kindern auch bewusst gemacht werden, dass sich Lügen in der Regel für niemanden gut anfühlen und somit mit negativen Gefühlen verbunden sind.

Teddy, ich tröste dich

Alter: ab 3 Jahren

Material: für jedes Kind 1 Teddybär o. Ä.

Zeitaufwand: 3–5 Minuten

Spielverlauf:
Alle Kinder holen sich einen Teddybären und setzen sich mit den anderen in den Stuhlkreis. Während Sie nun den folgenden Text vorlesen, machen alle aktiv mit ihrem Teddybär im Arm mit:

„Der kleine Teddybär fühlt sich so allein.
Was hat er denn? Was kann es wohl sein?“
Teddy in den Arm nehmen und streicheln

„Er stolperte über ein Bauwerk. So fing es an!
Und was meint ihr? Was passierte dann?“
Sich am Kopf kratzen und nachdenken

„Sie meinten, dass das Absicht gewesen ist.
Teddy glaubte, alle erzählen über ihn nur Mist.“
Kinder hören ihrem Teddybären zu

„Teddy, lass uns zu den Kindern gehen.
Wir werden reden und dann weitersehen.“
Aufstehen und auf der Stelle gehen

„Teddy findet den Lösungsvorschlag gut.
Er fühlt sich viel besser und hat nun Mut.“
Daumen hoch halten

Den Kindern wird anhand der Praxisidee verdeutlicht, wie weh es tun kann, wenn man für etwas beschuldigt wird, das man nicht mit Absicht getan hat. Unabhängig davon, sollten die Kinder wissen, dass sie über das, was sie innerlich bewegt, jederzeit mit einer Person ihres Vertrauens sprechen können.

Das macht Teddy krank

Alter: ab 3 Jahren

Material: 2 Teddybären, kleine Pflaster, evtl. 1 Stethoskop für Kinder

Zeitaufwand: 3–5 Minuten

Spielverlauf:
Die Kinder setzen sich an einen Tisch, auf dem Sie einen Teddybären platzieren. Zudem holen sie sich ein paar kleine Pflaster aus dem Erste-Hilfe-Kasten.
Erzählen Sie den Kindern, wie Teddy von seinem besten Freund angelogen wurde. Er hatte ihm nämlich versprochen, dass er mit ihm ein richtiges Baumhaus bauen würde. Sie hatten sogar einen Treffpunkt im Wald vereinbart. Sein Freund ist jedoch einfach nicht erschienen. Das tut Teddy so weh, dass er sogar vor lauter Aufregung und Enttäuschung Bauchschmerzen bekommen hat.

Bitten Sie nun ein Kind, ein Pflaster auf den Bauch von Teddy zu kleben.
Danach sagen alle laut:

„Teddy ist enttäuscht und hat jetzt Bauchschmerzen!“

Im Anschluss daran klebt dasjenige Kind, das links neben ihm sitzt, ein weiteres Pflaster z. B. auf Teddys Stirn. Danach sagen alle laut:

„Teddy ist enttäuscht und hat jetzt Bauch- und Kopfschmerzen!“

Das dritte Kind am Tisch ist nun an der Reihe und klebt das nächste Pflaster auf eine weitere Körperstelle.
Auf diese Weise geht's immer weiter, bis alle Kinder an der Reihe gewesen und jeweils ein Pflaster auf ein Körperteil des Stofftiers kleben konnten.
Am Ende können Sie noch einen zweiten Bären, der den Arzt darstellt, und ein Stethoskop holen. Erklären Sie den Kindern, dass Teddy mit seinen Schmerzen nicht alleine ist, sondern dass ihm auch geholfen werden kann. Dabei ist es auch wichtig, dass „Teddy“ über das spricht, was ihn innerlich bewegt und ihn somit enttäuscht und ihm wehgetan hat.

Die Kinder sollen spielerisch erfahren, dass negative Gefühle auch körperliche Beschwerden auslösen können, denn Körper und Seele sind eng miteinander verbunden. Zwar führt nicht jede seelische Belastung zu körperlichen Erkrankungen, jedoch können manche Menschen so enttäuscht und verbittert sein, dass sie tatsächlich krank werden.

Was für eine tolle Überraschung

Alter: ab 3 Jahren

Material: 1 leere Schachtel, Geschenkpapier, Schere, Klebestreifen

Zeitaufwand: 3–5 Minuten

Vorbereitung:
Verpacken Sie eine leere Schachtel als Geschenk.

Spielvorbereitung:
Die Kinder sitzen zusammen an einem Tisch.
Während Sie nun das „Geschenk" in den Händen halten, erzählen Sie den Kindern, wie Sie selbst schon eimal überrascht wurden. Dabei hat die Person sogar so getan, als ob Sie nichts bekommen würden. Fragen Sie die Kinder, ob die Person die Wahrheit gesagt hat oder nicht. Wurde die Frage geklärt, sollen die Kinder sich überlegen, weshalb die Person die Unwahrheit gesagt hat. Die Kinder werden bestimmt schnell herausfinden, dass die Person Sie einfach nur überraschen und Ihnen somit eine große Freude bereiten wollte.
Die Kinder sollen nun überlegen, ob sie auch schon einmal so etwas Ähnliches gemacht haben, um einen geliebten Menschen zu überraschen. Das kann z. B. Geburtstag, Muttertag, Weihnachten oder auch ein anderes Fest oder freudiges Ereignis sein.
Die Kinder dürfen im Uhrzeigersinn der Reihe nach davon berichten. Dabei erhält immer dasjenige Kind, das gerade an der Reihe ist, das „Geschenk" und somit das Wort.

Ausweichende Antworten, so tun, als ob man nichts wüsste oder einfach alles leugnen: All das und noch viel mehr können Gründe sein, um jemanden letztendlich zu überraschen. Die Kinder sollen mithilfe der Praxisidee erkennen, dass eine solche Verhaltensweise auch dazu dienen kann, den anderen zu überraschen und eine große Freude zu bereiten.

Du bist nicht allein

Alter: ab 5 Jahren

Material: –

Zeitaufwand: 3–5 Minute n

Spielverlauf:
Jedes Kind sitzt einem anderen direkt gegenüber und macht zu dem Text, den Sie vorlesen, Folgendes:

„Ich weiß, dass das nicht schön gewesen ist.
Ich weiß genau, das war für dich nur Mist."
Mit den Füßen auf den Boden stampfen

„Es tat dir weh! Das war nicht gut für dich!
Du hast blind vertraut, hast jedoch noch mich."
Erst auf den anderen, dann auf sich selbst zeigen

„Ich bin dein Freund und lasse dich nicht allein.
Ich bin für dich da! So muss es aber auch sein!"
Beide Hände einander reichen

Im Anschluss daran dürfen die Kinder sagen, wem sie ihre Sorgen und Nöte anvertrauen können. Das können die Mutter, der Vater, Geschwister, Tanten und Onkel aber auch Freunde und Bekannte sein.

Mithilfe der Praxisidee soll den Kindern gezeigt werden, dass sie ihre Probleme nicht alleine bewältigen müssen. Sie können sich sowohl ihren Freunden als auch älteren Bezugspersonen anvertrauen.

Weshalb Ehrlichkeit wichtig ist

Miteinander viel Vertrauen und ein gutes Miteinander schaffen.

Ehrlichkeit zählt zu den positiven Eigenschaften schlechthin und trägt zu einem guten Miteinander bei.
Bei Kindern bezieht es sich in der Regel darauf, dass sie nicht lügen und andere an der Nase herumführen. Zudem können bereits Kinder lernen, weshalb sie in bestimmten Situationen weder etwas verheimlichen noch beschönigen und herunterspielen sollten. Deshalb ist es auch so wichtig, dass die Kinder spielerisch ihr Können einschätzen, Empathie entwickeln und dabei auch das, was sie nicht als so gut empfinden, erkennen und offen ansprechen lernen.
Im fünften Kapitel sollen die Kinder sich zunächst spielerisch mit dem Begriff „Aufrichtigkeit“ befassen. Miteinander üben sie, ihre Stärken und Schwächen richtig einzuschätzen und zu benennen. Auf diese Weise lernen sie vor allem auch, aufrichtig zu sich selbst zu sein. Indem sie sich auf vielfältige Weise mit dem Begriff „Ehrlichkeit“ auseinandersetzen und sich in bestimmten Situationen nicht verstellen, wird eine Basis für ein gutes Miteinander geschaffen. Auf verspielte Weise wird den Kindern so auch verdeutlicht, weshalb das nicht immer einfach ist.

„Wenn die Jahre wachsen, erkennt man den Wert der Freundschaft immer tiefer."

Adalbert Stifter (1805–1868), österreichischer Schriftsteller, Maler und Pädagoge

Ein klares „Stopp!"

Alter: ab 5 Jahren

Material: –

Zeitaufwand: 3–5 Minuten

Spielverlauf:
Die Kinder sitzen zusammen im Stuhlkreis und führen das folgende Fingerspiel durch:

„Eine Unwahrheit sagen, finde ich nicht gut!"
Eine Faust bilden. Ausgehend vom Daumen, …

„Sich Vorteile verschaffen, erzeugt viel Wut!"
… den Zeigefinger, …

„Die Wahrheit sagen, finde ich sehr gut!"
… den Mittelfinger, …

„Ehrlich sein erfordert manchmal viel Mut!"
… den Ringfinger, …

„Ich finde Ehrlichkeit wichtig und sehr gut!"
und schließlich den kleinen Finger ausstrecken …

„Das ist wohl wahr und tut gut!"
… alle fünf Finger ausstrecken …

„Werden wir angelogen, gibt's ein klares Stopp!"
… alle fünf Finger ausgestreckt und eng beisammen halten …

„Wir sind ein tolles Team. Das ist mehr als top!"
… Daumen hochheben

Mithilfe der Praxisideen wird den Kindern verdeutlicht, wie schädlich Lügen für eine Freundschaft sein können. Umso wichtiger ist es dann, dass sie lernen auch eindeutig „Stopp!“ zu sagen, wenn sie bemerken, dass jemand bewusst die Unwahrheit sagt, um z. B. von etwas zu profitieren.

Finger hinter dem Rücken kreuzen

Alter: ab 5 Jahren

Material: –

Zeitaufwand: 3–5 Minuten

Spielverlauf:
Die Kinder bilden einen Stuhlkreis.
Erklären Sie den Kindern, dass man auch nur so tun kann, als ob man jemandem etwas versprechen würde. Indem Sie Ihren Mittelfinger über den Zeigefinger biegen und somit die Finger hinter ihrem Rücken kreuzen, machen Sie den Kindern bewusst, dass manche Menschen so ihr Versprechen oder ihren Schwur sofort wieder aufheben wollen. Es ist also ein Zeichen für Unehrlichkeit. Fragen Sie die Kinder, ob sie auch schon einmal ein leeres Versprechen gemacht haben, indem sie z. B. versprochen haben, in ein paar Minuten ihr Kinderzimmer aufzuräumen. Wie das sonst noch in der Realität aussehen kann, soll den Kindern nun durch ein kleines Rollenspiel verdeutlicht werden:

Eines der Kinder, das gerne möchte, betritt die Kreismitte. Dort angekommen, können Sie das Kind z. B. fragen, ob es mit Ihnen spielen möchte. Das Kind soll unehrlich sein, indem es z. B. sagt „Ja, gleich!“ oder „In ein paar Minuten!“. Dabei kreuzt es die Finger hinter dem Rücken, um so für alle im Stuhlkreis zu verdeutlichen, dass seine Worte nicht ehrlich gemeint sind.
Im Anschluss daran tauscht das Kind mit einem anderen den Platz, das mit Ihnen auf die gleiche Weise das Spiel fortsetzen darf. Dabei können Sie das Kind z. B. fragen, ob es mit Ihnen das Geschirr spülen kann.
Nach ein paar Durchgängen tauschen sich die Kinder darüber aus, weshalb gerade solche Aktionen auch Freundschaften gefährden können. Mögliche Antworten können sein: Weil man so das Vertrauen zerstören und dabei auch die anderen enttäuschen, verletzen und traurig machen kann.

So zu tun, als ob man die Wahrheit sagen würde, ist einfach nicht in Ordnung. Erklären Sie den Kindern aber auch, dass kleine Notlügen, um jemanden aufzubauen, aufzumuntern oder einfach Mut zum Weitermachen zu machen, davon ausgenommen sind.

Hand auf's Herz

Alter: ab 4 Jahren

Material: –

Zeitaufwand: 3–5 Minuten

Spielverlauf:
Die Kinder befinden sich im Stuhlkreis und überlegen, welche Gruppenregeln sie vereinbart haben und somit von allen eingehalten werden sollten. Positiv formuliert können die Gruppenregeln z. B. lauten:

Ich bin ...

- freundlich zu den anderen,
- höre den anderen zu,
- lasse andere aussprechen,
- helfe anderen, falls erforderlich.

Danach steht ein beliebiges Kind auf, formuliert eine Gruppenregel und legt dabei die Hand auf's Herz. Danach kommt dasjenige Kind an die Reihe, das sich links neben ihm im Stuhlkreis befindet.
Das betreffende Kind steht ebenfalls auf, um auf die gleiche Weise eine Gruppenregel zu benennen.
Es geht so immer weiter, bis alle Kinder auf der Kreisbahn beisammen stehen.

Indem die Kinder die Hand auf‘s Herz legen, sollen sie bei dieser Praxisidee bekräftigen, dass sie sich auf jeden Fall an die Gruppenregeln halten werden. Besonders früher wurde die Hand auf das Herz gelegt, um einen Schwur abzulegen. Das bedeutet also soviel wie: „Ich sage die Wahrheit!“

Du kannst dich darauf verlassen

Alter: ab 3 Jahren

Material: Tanzmusik; evtl. 4 Markierungskegel

Zeitaufwand: 3–5 Minuten

Spielverlauf:
Die Kinder verteilen sich auf einem überschaubaren Spielfeld, das Sie mithilfe von vier Markierungskegeln kennzeichnen können.
Zum Rhythmus der Musik laufen alle Kinder kreuz und quer auf dem Spielfeld herum. Sobald Sie jedoch die Pausentaste des Abspielgeräts drücken, bleiben alle Kinder stehen. Danach teilen Sie der Gruppe eine Gruppenregel mit, wie z. B::

„Wir sind freundlich zueinander und grüßen uns gegenseitig!"

Jedes Kind sucht sich nun ein anderes, um den anderen mit der Hand abzuschlagen. Dabei sagen die Kinder laut:

„Schlag ein! Du kannst dich darauf verlassen!"

Danach erklingt wieder die Musik, sodass alle Kinder wieder einzeln im Takt so lange auf dem Spielfeld herumlaufen, bis Sie erneut die Pausentaste drücken und einen weiteren Satz formulieren, wie z. B.:

„Wir halten, was wir versprochen haben!"
„Wir beachten alle vereinbarten Regeln!"

Danach sucht sich jedes Kind wieder ein anderes, um das betreffende Kind mit der Hand abzuklatschen und den o. g. Satz zu formulieren.

Auf diese Weise geht's so lange weiter, bis die Musik beendet ist.

Hinweis:
Spielt eine ungerade Anzahl an Kindern mit, dann machen Sie einfach selbst mit.

Durch die Aufforderung „Schlag ein!", soll das Partnerkind bei diesem Bewegungsspiel einfach wissen, dass auf ihn Verlass ist. Es ist ein dickes Ehrenwort. Es kann jedoch auch „Yeah! Wir schaffen das!" bedeuten und somit die Motivation zum Weitermachen fördern.

Faustcheck

Alter: ab 5 Jahren

Material: 1 Handtrommel

Zeitaufwand: 3–5 Minuten

Spielverlauf:
Die Hälfte der Kinder sitzt auf einem Stuhl, Sofa oder einfach auf dem Boden. Alle übrigen Kinder laufen nach Herzenslust durch den Raum. Das geht jedoch nur so lange, bis Sie einmal kräftig trommeln. Daraufhin sucht sich jedes Kind, das jetzt im Raum steht, ein freies Kind aus der anderen Gruppe aus.
Sobald zwei Kinder nebeneinander sitzen und ein Paar bilden, machen sie einen Faustgruß, indem sie mit ihren geballten rechten Händen gegeneinander stoßen. Danach dürfen sie sich gegenseitig ein ehrlich gemeintes Kompliment machen. Das kann eine bestimmte Fähigkeit oder Eigenschaft sein, die der andere besitzt und die man vielleicht auch gerne selbst haben möchte.
Im Anschluss daran folgt wieder ein kräftiger Trommelschlag Ihrerseits. Diejenigen Kinder, die in der vorherigen Spielrunde in Bewegung gewesen sind, bleiben nun sitzen. Alle übrigen Kinder laufen nun voller Freude so lange durch den Raum, bis Sie wieder einmal kräftig trommeln.
Auf diese Weise finden noch ein paar Spielrunden statt.

Indem die Kinder aufeinander zugehen und sich gegenseitig begrüßen, können sie sich sofort wahrnehmen. Das ist eine gute Basis, um sich gegenseitig ein ehrlich gemeintes Kompliment zu machen, das wiederum das Zugehörigkeits- und Gemeinschaftsgefühl fördert.

Ich schwöre! Ich bin ehrlich!

Alter: ab 5 Jahren

Material: –

Zeitaufwand: 3–5 Minuten

Spielverlauf:
Die Kinder sitzen gemeinsam im Kreis und machen folgendes Fingerspiel:

„Ich habe schon viel Blödsinn gemacht.
Die Kinder haben auch darüber gelacht."
Alle fünf Finger einer Hand zappeln lassen

„In diesem Punkt lüge ich jedoch nicht.
Nein, ich bin wirklich kein Bösewicht."
Den Zeigefinger vor dem Gesicht hin und her bewegen

„Ich schwöre, dass ich die Wahrheit sage.
Ich kann auch lügen, das ist keine Frage."
Eine Hand ans Herz legen und die andere hochheben (Schwurhand)

„Ich hoffe, ihr werdet mir euer Vertrauen schenken.
Ich hoffe, es wird sich alles bald wieder einrenken."
Daumen hochheben

Im Anschluss daran dürfen die Kinder erzählen, ob sie auch schon einmal die Unwahrheit gesagt haben und ihnen deshalb nicht mehr so schnell geglaubt wurde, obwohl sie in diesem Moment ehrlich gewesen sind.

Die Kinder sollen sich auf verspielte Weise darüber klarenwerden, dass man Vertrauen durchaus auch zerstören kann, indem man z. B. immer wieder die anderen Kinder anlügt. Und wenn man dann tatsächlich die Wahrheit sagt, ist es nicht verwunderlich, wenn die anderen skeptisch sind und daran zweifeln. Damit jedoch wieder Vertrauen entsteht, kann ein Schwur / Versprechen in manchen Fällen ein guter Anfang sein.

Du kannst mir glauben

Alter: ab 4 Jahren

Material: ein paar Gymnastikmatten

Zeitaufwand: 5–6 Minuten

Spielverlauf:
Zu Beginn legen Sie in eine Reihe ein paar Matten. Die Kinder platzieren ihre Stühle mit etwas Abstand um die Bühne bzw. Matten herum und nehmen schließlich Platz. Danach überlegt sich jedes Kind eine Fähigkeit, die es gut beherrscht. Das kann z. B. ein Lied auf einem Instrument spielen, Seilspringen oder einfach einen Papierflieger basteln sein. Eines der Kinder, das gerne möchte, stellt sich auf die Bühne bzw. Matten und sagt dann laut:

„Ihr könnt mir glauben, dass ich das kann!"

Danach kann das Kind sein Können zeigen bzw. so tun, als ob es z. B. auf einer Tafel eine Rechenaufgaben lösen würde. Die anderen beobachten alles genau und sollen herausfinden, was das Kind gerade macht. Sobald jedoch die richtige Antwort, die in diesem Fall „Rechnen!" lautet, benannt wurde, dürfen diejenige Kinder, die das nicht so richtig glauben können, noch einmal gezielt bei dem Kind nachfragen. Dabei können sie das Kind z. B. fragen, wer ihm das beigebracht hat oder seid wann das Kind bereits Rechenaufgaben lösen kann.
Konnte das Kind die Fragen beantworten, tauscht es mit einem anderen Kind den Platz, das nun auf die gleiche Weise sein Können zum Besten geben darf.
Das Spiel ist beendet, sobald alle Kinder, die gerne möchten, einmal auf der „Bühne" stehen und eine Wahrheit über sich preisgeben konnten.

Bei dieser Praxisidee soll den Kindern gezeigt werden, dass andere Fähigkeiten haben können, die man so vielleicht nicht vermuten würde. Indem sie einem ihr Können im wahrsten Sinne des Worten vor Augen führen, ist man oftmals darüber sehr erstaunt. Machen Sie den Kindern an dieser Stelle bewusst, dass man trotz vorhandenem Misstrauen andere nicht gleich als Lügner oder Lügnerin bezeichnen sollte.

Ich habe das alleine gemacht

Alter: ab 5 Jahren

Material: für jedes Kind 1 Malkittel, 1 weißes DIN-A3-Papier und Wasserfarben

Zeitaufwand: 5–10 Minuten

Spielverlauf:
Die Kinder setzen sich an den Maltisch und dürfen mit Wasserfarben eine Blumenwiese malen.
Im Anschluss daran gehen die Kinder der Reihe nach links um den Maltisch herum. Sobald Sie jedoch „Stopp!" rufen, darf sich jedes Kind einen Platz am Tisch, jedoch nicht vor seinem Kunstwerk suchen.
Eines der Kinder deutet auf das vor ihm liegende Bild und sagt laut:

„*(Vorname des Kindes einsetzen)* hast du das Bild gemacht
oder haben ich vielleicht falsch gedacht?"

Dasjenige Kind, das namentlich benannt wurde, darf nun ehrlich darauf antworten, indem es die Frage entweder bejaht oder verneint.
Unabhängig davon, setzt dann dasjenige Kind, das links neben dem ersten Kind sitzt das Spiel fort, indem es auf die gleiche Weise den Künstler oder die Künstlerin des Bildes, das vor ihm liegt, herauszufinden versucht.
Auf diese Weise geht's immer weiter, bis alle Bilder an der Reihe gewesen sind.

Mithilfe der Praxisideen üben die Kinder spielerisch, auf eine Frage wahrheitsgemäß zu antworten und sich somit nicht mit fremden Federn zu schmücken. Das ist nicht immer so einfach, da es immer bestimmte Dinge im Leben gibt, die man auch gerne haben oder können möchte.

Einmal Prinzessin sein

Alter: ab 4 Jahren

Material: 1 Handspiegel

Zeitaufwand: 3–5 Minuten

Spielverlauf:
Während sie einen Handspiegel holen, bilden alle Kinder einen Stuhlkreis.
Die Kinder sollen sich nun überlegen, welche Märchen sie kennen. Mögliche Antworten können z. B. sein: Schneewittchen, Rotkäppchen und Aschenputtel. Erklären Sie den Kindern, dass in Märchen wunderbare Wesen, wie z. B. Zwerge und Hexen auftauchen können. Obwohl es diese Wesen in Wirklichkeit nicht gibt, verzaubern uns Märchen. Und was würden die Kinder gerne in der Märchenwelt sein? Ein König, eine Prinzession, ein Drachen, ein Riese oder gar ein Zwerg?
Eines der Kinder erhält von Ihnen den Handspiegel, um sich zu betrachten. Während das Kind sich anschaut, soll es überlegen, was es gerne sein würde. Dabei kann es auch eine kurze Begründung abgeben, indem es z. B. sagt: „Ich möchte gerne eine Prinzessin sein und auch eine Krone tragen!"
Danach übergibt das Kind demjenigen Kind, das links neben ihm im Stuhlkreis sitzt, den Spiegel. Das betreffende Kind schaut ebenfalls in den Spiegel und stellt sich etwas Bestimmtes vor, was es gerne in der Märchenwelt sein würde.
Reihum wandert so der Spiegel von Kind zu Kind. Sobald jedoch das erste Kind den Spiegel wieder in der Hand hält, ist das Spiel beendet.

Indem die Kinder in verschiedene Rollen schlüpfen, soll ihnen bewusst gemacht werden, wie schön es sein kann, in die Märchen- oder Fantasiewelt einzutauchen. Dabei brauchen die Dinge nicht der Wirklichkeit zu entsprechen.

Nicht immer alles sagen

Alter: ab 5 Jahren

Material: –

Zeitaufwand: 3–5 Minuten

Spielverlauf:
Die Kinder setzen sich in den Stuhlkreis.
Sobald alle ruhig sind, lesen Sie den Spruch von dem französischen Philosoph und Schriftsteller Voltaire (1694–1778) vor:

„Alles was du sagst, sollte wahr sein.
Aber nicht alles was wahr ist, solltest du auch sagen!"

Fragen Sie die Kinder nun, was man, um eine Person nicht zu verletzen, besser nicht sagen sollte. Die Kinder überlegen sich jeweils eine Antwort, die sie der Reihe nach im Uhrzeigersinn mitteilen. Dabei soll immer dasjenige Kind, das gerade an der Reihe ist, die Antworten der vorherigen Kinder wiederholen, bevor es etwas Neues hinzufügt.
Solle es nicht weiterkommen, dürfen die anderen behilflich sein. Mögliche Antworten können übrigens z. B. sein: „Du bist aber sehr klein/ groß!", „Du bist ganz schön dünn/fett!" oder „Du stotterst bei jedem Satz!".

Mithilfe des o. g. Spruchs von Voltaire soll den Kindern verdeutlicht werden, dass man nicht immer alles zu sagen braucht, was man denkt. Wahrheit kann nämlich auch andere verletzen und einfach wehtun. Deshalb sollte man zuerst gut überlegen, bevor man etwas ausspricht.

Einsicht und Wiedergutmachung

Einsicht zeigen und spielerisch üben, einander zu verzeihen

Jeder von uns hat bestimmt schon einmal etwas zutiefst bereut. Das kann z. B. aus Eifersucht, Unzufriedenheit oder einfach aufgrund von Zeitdruck und Stress geschehen sein. Das wiederum kann verschiedene Arten von Verhaltenskonsequenzen mit sich bringen.
Beispiel: Ein Kind sitzt am Maltisch und stößt einen Wasserbecher um, sodass das Kunstwerk eines anderen mit dem Wasser übergossen wird. Unabhängig davon, ob das Kind das absichtlich getan hat oder nicht, wäre eine logische Konsequenz, dass das Kind sich einen Lappen holt, um das Wasser aufzuwischen. Indem das Kind sich dann auch noch aufrichtig entschuldigt, übernimmt es Verantwortung für sein Fehlverhalten.
Das sechste Kapitel beinhaltet Praxisideen, die den Kindern zeigen, wie wichtig Einsicht zeigen und einander Verzeihen für das soziale Miteinander ist. Spielerisch erfahren sie, weshalb eine Entschuldigung kein Zeichen von Schwäche ist. Demzufolge üben sie, wie sie sich aufrichtig bei jemand anderem entschuldigen können. Dabei wird ihnen auch bewusst gemacht, weshalb man Fehler nicht ungeschehen manchen kann. Verzeihen können ist jedoch auch eine Eigenschaft der Stärke. Denn es erfordert viel Mut und Selbstvertrauen, nicht nur anderen, sondern auch sich selbst für etwas zu verzeihen. Darüber hinaus sollten sie aber auch wissen, was sie tun können, damit sich ein Fehler nicht ständig wiederholt, sodass sich alle wohl und dazugehörig fühlen können.

„Verzeihen wir, damit man uns verzeihe."

Johann Gottfried Seume (1763–1810), deutscher Schriftsteller und Dichter, bekannt durch seine berühmte Fußreise nach Sizilien („Spaziergang nach Syrakus")

Ich habe den Ball zuerst gehabt

Alter: ab 4 Jahren

Material: 1 Softball

Zeitaufwand: 3–5 Minuten

Spielverlauf:

Alle sitzen zusammen im Kreis auf dem Boden.

Eines der Kinder holt sich einen Softball und überlegt sich, ob es auch schon einmal wegen einem Ball oder einem anderen Spielzeug mit einem anderen Kind gestritten hat. Falls ja, wie ist der Streit verlaufen? Wurde um das begehrte Spielobjekt im wahrsten Sinne es Worts gekämpft? Wer hat angefangen, den anderen vielleicht zu beschimpfen oder gar körperlich wehzutun?

Das Kind berichtet, falls es möchte, kurz darüber, bevor es den Ball einem anderen Kind zurollt, das dann das Wort hat und sich dazu äußern darf.

Das Ballspiel wird auf diese Weise so lange fortgesetzt, bis alle Kinder, die möchten, etwas dazu sagen konnten.

Im Anschluss daran sollen die Kinder sich überlegen, was man tun kann, wenn man bemerkt, dass man sich nicht korrekt verhalten hat. Dabei hat wieder dasjenige Kind das Wort, das gerade den Ball hat. Mögliche Antworten können dann sein: Sich entschuldigen, ein Friedensangebot machen, wie z. B. gemeinsam mit dem Ball spielen, sich beim Ballspiel abwechseln oder sich einfach etwas anderes zum Spielen suchen.

Wer hat den Ball zuerst gehabt? Für Außenstehende, die den Sachverhalt unzureichend mitbekommen haben, ist die Frage gar nicht so einfach zu beantworten. Und wenn sich die Kinder deswegen dann auch noch so richtig in die Wolle bekommen, ist kaum noch eine friedliche Lösung möglich. Sobald sich jedoch die erhitzten Gemüter wieder etwas beruhigt haben, können Kinder auch auf verspielte Weise ihre Konflikte friedlich lösen lernen.

Hau ab! Ich möchte schaukeln

Alter: ab 3 Jahren

Material: –

Zeitaufwand: 3–5 Minuten

Spielverlauf:
Die Kinder bilden einen Kreis und machen gemeinsam das folgende Fingerspiel:

„Hallo! Die Schaukel gehört mir!"
Eine Faust mit der linken Hand bilden und den Daumen ausstrecken

„Papperlapapp! Sie gehört nicht dir!"
Eine Faust mit der rechten Hand bilden und den Daumen ausstrecken

„Hallo! Geh bloß von hier weg!"
Den linken Daumen kurz bewegen

„Höre auf! So ein Heckmeck!"
Den rechten Daumen kurz bewegen

„Stopp! So geht's nicht weiter!"
Stopp-Zeichen: Einen Arm in Richtung Kreismitte ausstrecken und sich gegenseitig die Handfläche zeigen

„Eine Lösung finden, wäre gescheiter!"
Mit dem Zeigefinger auf die Stirn tippen

Im Anschluss daran können Sie den Kindern das dazu passende Foto von S. 125 zeigen.

Fragen Sie die Kinder nun, ob es sinnvoll ist, sich so wie auf dem Foto abgebildet um eine Schaukel zu streiten. Sind sich alle darüber einig, dass das nicht zielführend ist, sollten die Kinder sich darüber austauschen, was man stattdessen tun sollte. Mögliche Antworten können sein: Abwechselnd die Schaukel benutzen, zu zweit schaukeln oder einfach nachgeben und sich ein anderes Spielgerät suchen.

Hallo! Es tut mir so leid!

Alter: ab 4 Jahren

Material: 1 Spielzeug-Handy o. Ä.

Zeitaufwand: 3–4 Minuten

Spielverlauf:
Die Kinder setzen sich um einen Tisch herum, auf dem Sie ein Spielzeug-Handy platziert haben.
Miteinander sollen die Kinder sich nun überlegen, wie man sich bei jemandem auch per Telefon entschuldigen kann.
Eines der Kinder beginnt, nimmt das Handy an sich und sagt z. B.

„Hallo! Hier spricht *(Vornamen einsetzten)*. Ich möchte mich bei dir entschuldigen. Ich gebe zu, dass ich es gewesen bin!“

Danach übergibt es das Handy demjenigen Kind, das links neben ihm sitzt.
Es sagt z. B.:

„Hi! Ich bin deine Freundin! Es tut mir leid, dass ich dich beschuldigt habe. Kannst du mir noch einmal verzeihen?“

Im Anschluss daran erhält das nächste Kind das Handy.
Auf diese Weise geht's immer weiter, bis jedes Kind sich „telefonisch“ entschuldigen konnte.

Machen Sie den Kindern bewusst, dass es verschiedene Wege gibt, sich für einen Fehler, den man gemacht hat, zu entschuldigen. So kann man z. B. miteinander telefonieren, einen Entschuldigungsbrief auch mithilfe eines Erwachsenen schreiben oder einfach ein Bild als Wiedergutmachung malen. Ziel ist es, dass die Kinder verschiedene Möglichkeiten zum Entschuldigung sagen entdecken, die durchaus kreativ sein können.

Ein leises „Sorry!“ genügt

Alter: ab 5 Jahren

Material: –

Zeitaufwand: 3–4 Minuten

Spielverlauf:
Die Kinder sitzen hintereinander im Kreis.
Erklären Sie den Kindern, dass es nicht immer so einfach ist, einen Fehler einzuräumen. Vielleicht schämt man sich für das, was man getan hat oder ist einfach zu stolz, um einen Fehler zuzugeben. Darüber hinaus sollten wir aber auch, wenn sich jemand bei uns entschuldigt, zuhören und der betreffenden Person nicht ins Wort fallen.
Entschuldigung sagen und aufmerksam zuhören, können die Kinder nun nach dem Prinzip des uralten Kinderspiels „Stille Post“ üben:
Eines der Kinder überlegt sich, wie es sich entschuldigen kann. Es flüstert dann in das Ohr des vor ihm sitzenden Kindes z. B. den folgenden Satz:

„Es tut mir leid!“

Der Satz wird nun leise von Mund zu Ohr von einem Kind zum anderen im Uhrzeigersinn weitergegeben. Das letzte Kind in der Reihe spricht dann das aus, was es verstanden hat. Das erste Kind teilt der Gruppe mit, ob die Entschuldigung richtig oder verfälscht weitergeben werden konnte. Im ersten Fall haben alle gut zugehört und somit die Spielrunde gewonnen.
Unabhängig davon, startet daraufhin eine neue Spielrunde ausgehend von einem anderen Kind, das nun z. B. ins Ohr des vor ihm sitzenden Kindes

„Sorry! Ich habe das nicht gewollt!“

flüstert.

Auf diese Weise finden noch ein paar Spielrunden zum Entschuldigung sagen und aufmerksam Zuhören statt.

Bei dem Flüsterspiel sollen die Kinder eine Entschuldigung formulieren und diejenige eines anderen auch aufmerksam anhören lernen. Das fällt nicht nur vielen Kindern bei einem Konflikt oftmals schwer!

Wiedergutmachung Ideen

Alter: ab 5 Jahren

Material: –

Zeitaufwand: 3–5 Minuten

Spielverlauf:
Die Kinder sollen im Stuhlkreis überlegen, wie man etwas wiedergutmachen kann. Wurden ein paar Ideen für das betroffene Kind, wie z. B. ein kleines Geschenk basteln oder zu einem Tischspiel einladen, zusammengetragen, können Sie den Kindern, falls sie nicht von selbst darauf kommen, sagen, dass man dem Kind auch ein paar nette Worte entgegenbringen kann.
Spielerisch können die Kinder das jetzt tun, indem ein beliebiges Kind sich seinem linkes Nachbarkind zuwendet und z. B. sagt:

„Du bist gar nicht doof, sondern richtig nett!"

Das Kind tut es ihm gleich, indem es sich seinem linken Nachbarkind zuwendet und z. B. sagt:

„Du bist alles andere als eine hohle Nuss!"

Auf diese Weise geht's immer weiter, bis das erste Kind wieder an der Reihe ist.

Ah, Sorry! – Worte und Gesten der Wiedergutmachung sind nicht immer so einfach zu finden. Die Kinder sollen spielerisch lernen, dass man zwar das, was passiert ist, nicht ungeschehen machen, jedoch eine aufrichtige Entschuldigung vieles wiedergutmachen kann.

Sorry! Es tut mir leid!

Alter: ab 4 Jahren

Material: 1 weißes DIN-A4-Blatt Papier und 1 Stift oder 1 Fotokamera und 1 Drucker

Zeitaufwand: 3–5 Minuten

Vorbereitung:
Zu Beginn schreiben Sie auf ein weißes Blatt Papier „Sorry" oder fotografieren einfach zwei Kinder vom Brust- bis Halsbereich, die sich gerade die Hand zum „Entschuldigung sagen" reichen.

Spielverlauf:
Die Kinder stehen im Kreis beisammen.
Ein beliebiges Kind, das gerne möchte, erhält von Ihnen das Blatt Papier mit der Aufschrift oder einfach das dazu passende Foto. Es überlegt, bei wem es sich für etwas, das es heute oder vor einiger Zeit getan hat, entschuldigen möchte. Das Kind geht auf das betreffende Kind zu und bleibt direkt vor diesem im Innenkreis stehen. Es teilt dem ausgewählten Kind mit, was ihm leid tut. Es reicht dem Kind das Papier mit der Aufschrift und entschuldigt sich von Herzen. Das betreffende Kind kann die Entschuldigung annehmen oder auch nicht. Es kann sich dann mit dem Blatt in der Hand entweder auch bei dem Kind entschuldigen oder auf ein anderes Kind zugehen, dem es Unrecht getan hat. Falls es das jedoch nicht möchte, kann es selbstverständlich das Blatt Papier an ein anderes Kind weitergeben.
Unabhängig davon, geht das erste Kind wieder auf seinen Platz zurück.
Das Spiel ist jedoch aus, sobald alle übrigen Kinder, die sich gerne bei einem anderen Kind für irgendetwas entschuldigen möchten, an der Reihe gewesen ist.

Indem das Kind das Papier mit der Aufschrift verwendet, soll dem Kind, bei dem es sich entschuldigt, eindrucksvoll vor Augen geführt werden, dass die Entschuldigung wirklich ernst gemeint ist. Spielerisch soll den Kindern so auch gezeigt werden, dass man sich auf unterschiedliche Weise bei jemandem entschuldigen kann.

Es tut uns von Herzen leid

Alter: ab 3 Jahren

Material: Tanzmusik; evtl. 4 Markierungskegel

Zeitaufwand: 3–5 Minuten

Spielverlauf:
Die Kinder bewegen sich, während die Musik läuft, auf einem übersichtlichen Spielfeld, das Sie mithilfe von vier Markierungskegeln kennzeichnen können. Sobald Sie jedoch die Musik stoppen, bilden die Kinder Paare, um das „Entschuldigung sagen" per Handschlag zu üben. Danach dürfen beide Kinder mit dem Daumen und Zeigefinger miteinander ein Herz, so wie auf dem Foto von S. 135 dargestellt, formen. Auf diese Weise zeigen sie nach außen, dass sie sich gegenseitig verziehen haben und somit auch befreundet bleiben.
Im Anschluss daran schalten Sie wieder die Tanzmusik ein, zu der sich alle Kinder wieder einzeln so lange auf dem Spielfeld bewegen, bis Sie die Musik stoppen. Danach bilden die Kinder wieder Paare, um sich genauso gegenseitig herzlich zu entschuldigen.
Auf diese Weise geht's immer weiter, bis die Musik beendet ist.

Mithilfe der Praxisidee soll den Kindern bewusst gemacht werden, wie man sich versöhnen und somit auch wieder gemeinsam nach vorne schauen kann. Indem immer zwei Kinder miteinander ein Herz mit ihren Fingern formen, wird das im besonderen Maße verdeutlicht.

Es kommt von Herzen

Alter: ab 3 Jahren

Material: 1 rotes Herz aus Plastik, Papier, Holz o. Ä.

Zeitaufwand: 3–5 Minuten

Spielverlauf:
Zu Beginn holen Sie sich ein rotes Herz aus Plastik o. Ä. und bilden mit den Kindern einen Kreis.
Danach wenden Sie sich demjenigen Kind zu, das links neben Ihnen im Kreis steht. Während Sie nun dem Kind das Herz mit beiden Händen behutsam überreichen, sagen alle laut:

„Wir vertragen uns und wollen Freunde sein.
Es kommt von Herzen! So soll es auch sein!"

Das betreffende Kind nimmt dankend das Herz an, das es dann auf die gleiche Weise seinem linken Nachbarkind übergibt. Dabei sagt die Gruppe wieder laut den o. g. Spruch.
Es geht so immer weiter, bis Sie wieder das Herz in den Händen halten.

Was gibt es Schöneres, als sich von Herzen zu entschuldigen? Die Kinder können das mithilfe der Praxisidee üben und dabei ohne viel Zutun ein Wir-Gefühl entwickeln.

Aus Freundschaft

Alter: ab 3 Jahren

Material: 1 roter Schminkstift

Zeitaufwand: 3–5 Minuten

Vorbereitung:
Die Kinder dürfen sich gegenseitig oder mit Ihrer Hilfe ein rotes Herz auf jeweils eine Handfläche malen.

Spielverlauf:
Die Kinder bilden einen Stuhlkreis und führt dann das Fingerspiel wie folgt durch:

„Ein, zwei, drei, vier, fünf, sechs, sieben, acht, neun, zehn."
Die Hände zu Fäusten" ballen. Ausgehend vom linken Daumen der Reihe nach alle zehn Finger ausstrecken, sodass die aufgemalten Herzen zum Vorschein kommen.

„Ganz herzlich sollst du bei uns allen willkommen sein."
Auf ein beliebiges Kind deuten und dann alle zehn Finger in der Luft ...

„Auch wenn's mal Streit gibt, bist du bei uns nicht allein."
... zappeln lassen.

Im Anschluss daran können Sie die Kinder fragen, ob sie auch schon einmal mit einem anderen Kind gestritten und sich dann wieder miteinander vertragen haben. Die Kinder dürfen sich dann zu Wort melden und erzählen, was sie in dieser Hinsicht bereits erlebt haben.

Die Kinder sollten erfahren, dass Streitigkeiten unter Kindern normal sind und Konflikte auch gemeinsam gut gelöst werden können. Auf verspielte Weise wird ihnen so bewusst gemacht, dass eine gute Freundschaft auch etwas aushalten kann und nicht beim erstbesten Konflikt sofort zerbricht.

Aus einer anderen Perspektive

Alter: ab 5 Jahren

Material: Bauklötze

Zeitaufwand: 5–10 Minuten

Spielverlauf:
Die Kinder sollen auf Ihre Anweisung hin mit Bauklötzen gemeinsam einen Turm auf einem Tisch bauen. Sobald jedoch der Turm fertiggestellt ist, nehmen Sie aus dem Turm ein paar Bauklötze, sodass Lücken entstehen. Danach sollen sie aufstehen, um den den Tisch herumgehen, sodass sie den Turm aus verschiedenen Perspektiven betrachten können.
Im Anschluss daran nehmen die Kinder wieder am Tisch Platz. Erklären Sie den Kindern, dass Fehler, die auch beim Bauen entstehen können, unterschiedlich betrachtet werden können. Je nachdem, wie wir einen Fehler bewerten, kann der Fehler von sehr schlimm bis eher harmlos eingestuft werden. Dass das so ist, soll den Kindern durch einfache Alltagsfragen verdeutlicht werden, die sie in 2er-, 3er- oder 4er-Teams beantworten sollen. Dabei bespricht jedes Team, wie schlimm es etwas empfindet oder auch nicht. Es müssen nicht alle immer der gleichen Meinung sein.

Beispiele:
- „Ist es für dich sehr schlimm, wenn ein Kind ein Spielzeug einem anderen wegnimmt?"
- „Ist es für dich sehr peinlich, wenn du verschlafen hast und zu spät in die Kita kommst?"
- „Ist es für dich sehr schlimm, wenn dir ein Glas auf den Boden fällt und zerbricht?"
- „Ich es peinlich für dich, wenn jemand zu dir ‚Baby!' sagt?

Indem die Kinder gemeinsam die o. g. Fragen beantworten und dabei eine andere Sitzhaltung / Perspektive einnehmen können, werden sie oftmals merken, dass nicht immer alle die gleiche Meinung vertreten. Dennoch sollten die Kinder wissen, dass es z. B. auch Gruppenregeln gibt, die für alle verbindlich und somit nicht verhandelbar sind. Und wenn trotzdem ein Kind eine Grenze überschreitet, sollte es zumindest Einsicht zeigen und sich dafür entschuldigen.

Was man aus Fehlern lernen kann

Fehler erkennen und als Chance nutzen

Wenn uns ein Fehler unterläuft, können wir z. B. Schuldgefühle haben und dabei auch wütend auf uns selbst sein. Dennoch können wir aus Fehlern lernen und uns dementsprechend weiterentwickeln.
Beispiel: Ein Kind geht ohne Winterjacke bei Minustemperaturen nach draußen. Davon bekommt es jedoch Hals- und Gliederschmerzen. Was wird es wohl beim nächsten Mal tun?
Indem man etwas falsch macht, ergeben sich Lernerfahrungen, sodass das Kind - wie in diesem Fall - wohl kaum mehr in der kalten Jahreszeit seine Winterjacke an der Garderobe hängen lässt.
Im siebten Kapitel erfahren die Kinder nun spielerisch, welche Fehler und Missgeschicke im Alltag passieren können. Auf verspielte Weise wird gezeigt, wie sie nicht nur aus ihren eigenen, sondern auch aus den Fehlern der anderen lernen und gegebenfalls auch ihr Verhalten ändern können. So können sie neue Ideen entwickeln und auf andere Lösungen kommen. Nicht zuletzt üben sie spielerisch, sich nicht ständig von der Meinung der anderen Menschen beeinflussen zu lassen, was wiederum auch ein Fehler sein kann. Denn es wird immer jemand geben, der das, was man sagt oder macht, einfach doof findet. Damit jedoch die Kinder sich nicht von anderen verunsichern lassen, sollten sie von klein auf wissen, dass sie es ohnehin nicht allen recht machen können.

„Wir lernen durch Irren und Fehlen und werden Meister durch Übung, ohne zu merken, wie es zugegangen ist."

Christoph Martin Wieland (1733–1813), deutscher Dichter, Übersetzer und Herausgeber zur Zeit der Aufklärung

Einmal nicht aufgepasst

Alter: ab 4 Jahren

Material: evtl. 4 Markierungskegel

Zeitaufwand: 3–5 Minuten

Spielverlauf:
Die Kinder verteilen sich auf einem überschaubaren Spielfeld, das Sie mithilfe von vier Markierungskegeln kennzeichnen können.
Die Kinder legen sich nun mit dem Rücken auf den Boden. Dabei ruhen die Arme neben dem Körper, die Handflächen zeigen nach unten. Die Beine stellen sie rechtwinkelig, bevor sie in die Pedale treten und mit dem Fahrradfahren in der Luft starten. Das ist übrigens eine klassische Aufwärmübung, bei der die gesamte Bauchmuskulatur angesprochen wird.

Sobald jedoch alle Kinder mit dem „Rad" unterwegs sind, sagen Sie Folgendes:

„Heute ist ein ganz herrlicher Tag,
den ich auch zum Radfahren mag.
Schneller und schneller fahren wir."
Alle fahren noch schneller in der Luft Rad

„Frische Luft mögen alle sehr hier!
Den Berg geht's dann rauf und runter.
Wir fühlen uns völlig fit und munter.
Oh nein! Wir haben es nicht gesehen.
Den Stock haben wir einfach übersehen.
Wir fallen vom Rad. Herrje!"
Alle lassen sich zur Seite fallen

„Das Knie blutet. Ohje!"
Und alle machen einen traurigen Gesichtsausdruck

Zeigen Sie nun den Kindern das Foto. Was kann man daraus lernen und somit in Zukunft besser machen? Mögliche Antworten können sein: „Nicht so schnell mit dem Rad fahren“, „Vorausschauend Rad fahren“ und „Auf Hindernisse achten!“.

Viel zu viel auf dem Tablett

Alter: ab 4 Jahren

Material: evtl. 1 Tablett und 1 Kindergeschirr z. B. aus Plastik

Zeitaufwand: 3–5 Minuten

Spielverlauf:
Die Kinder befinden sich im Stuhlkreis und führen das folgende Fingerspiel durch:

„Ich möchte den Frühstückstisch decken
und werde nun das Geschirr checken."
Fäuste bilden und ausgehend vom Daumen alle Finger der Reihe nach ausstrecken

„Alle Teile sollen auf dem Tablett sein.
Ich trage das Tablett ganz allein."
Mit den Händen eine Schale formen

„Auf einmal fliegt ein Teller auf den Boden.
Ich möchte vor Wut am liebsten toben."
Mit den Fäusten auf die Oberschenkel klopfen

„Der Teller zerbricht vor meinen Füßen"
In die Hände klatschen

„Die Tat wird wohl niemand begrüßen."
Den Zeigefinger hin und her bewegen

Variante:
Die Kinder verwenden den Text für ein kleines Rollenspiel. Dabei darf ein Kind, das gerne möchte, sich mit dem Tablett in der Hand in die Kreismitte stellen. Auf das Tablett legen Sie dann das unzerbrechliche Kindergeschirr. Danach macht das Kind die zum Text passenden Bewegungsabläufe. Am Schluss stößt einen Plastikteller vom Tablett, sodass der Teller auf dem Boden landet.

Nach dem Finger- oder Rollenspiel können Sie den Kindern auch noch dieses Foto zeigen. Dabei sollen die Kinder überlegen, was sie tun können, damit beim nächsten Mal möglichst kein Geschirr vom Tablett auf den Boden fallen kann. Mögliche Antworten können z. B. sein: „Nicht zu viel Geschirr auf dem Tablett transportieren", „Langsam mit dem Tablett in der Hand gehen!" oder einfach „Die Teller einzeln zum Tisch tragen".

Oh nein! Vermalt

Alter: ab 5 Alter

Material: für jedes Kind 1 weißes DIN-A3-Blatt Papier und Wachsmalstifte

Zeitaufwand: 5–10 Minuten

Spielverlauf:
Die Kinder sitzen zusammen am Maltisch und nehmen sich ein weißes Blatt Papier und einen Wachsmalstift.
Zum Rhythmus der Musik dürfen sie nun nach Herzenslust Kreise, Wellenlinien, Punkte, Striche usw. malen. Irgendwann jedoch stoppt die Musik und Sie sagen laut:

„Oh nein! Das kann nicht sein.
Es sollten doch Blumen sein!"

Im Anschluss daran fragen Sie die Kinder, was man tun kann, wenn man sich vermalt hat. Vielleicht können sie z. B. die aufgemalten Kreise für die Blumenköpfe, Striche für die Stängel und auf die Wellenlinien sogar Seerosen malen.
Die Kinder geben nun ihr Bestes und versuchen, das Bild auf irgendeine Weise zu retten, indem sie es als Vorlage für ihr Blumenbild benutzen.
Am Ende dürfen die Kinder sich ihre Kunstwerke gegenseitig präsentieren und somit die anderen an ihren Ideen teilhaben lassen.

Mithilfe des Malspiels sollen die Kinder lernen, dass man Fehler auch verbessern kann, indem man kreative Lösungswege sucht. Auf diese Weise kann etwas Schönes entstehen, das ohne den zuvor gemachten Fehler so vielleicht nicht möglich gewesen wäre.

Aus der Hand gefallen

Alter: ab 3 Jahren

Material: –

Zeitaufwand: 3–5 Minuten

Spielverlauf:
Alle Kinder sitzen zusammen im Kreis und führen das untenstehende Fingerspiel durch:

„Heute ist es so heiß.
Deshalb esse ich Eis."
So tun, als ob man eine Eistüte in der Hand halten würde

„Barfuß und ein Eis.
Das ist ja so nice!"
Mit den Daumen und Zeigefingern ein Herz formen

„Doch irgendwann,
geschieht es dann."
Mit den Daumen und Zeigefingern auf den Oberschenkeln spazieren gehen

„Das Eis liegt auf dem Boden.
Ich könnte vor Wut toben."
Mit den Fäusten auf die Oberschenkel klopfen

„Was soll ich jetzt machen?
Das ist nicht zum Lachen!"
Auf sich selbst deuten und dabei mit den Achseln zucken

Auch wenn man vielleicht im ersten Moment über ein kleines Missgeschick nicht lachen kann, sollten die Kinder wissen, dass man daraus auch etwas lernen kann. So kann man z. B. das nächste Mal etwas aufmerksamer und konzentrierter bei der Sache sein und dabei auch bestimmte Dinge im wahrsten Sinne des Wortes besser in die Hand nehmen.

Mit der Lupe betrachtet

Alter: ab 5 Jahren

Material: 1 Lupe

Zeitaufwand: 3–5 Minuten

Spielverlauf:
Während die Kinder einen Kreis bilden, holen Sie sich eine Lupe.
Fragen Sie die Kinder, wozu man eine Lupe bzw. ein Vergrößerungsglas brauchen kann. So hilft eine Lupe z. B. bei eingeschränkter Sehkraft kleine Dinge wesentlich besser zu erkennen. Das Hilfsmittel ist aber auch für alle anderen Menschen gut, um bestimmte Dinge noch intensiver und detaillierter in Augenschein nehmen zu können. In diesem Zusammenhang können Sie den Kindern bewusst machen, dass manche Menschen jeden Fehler sozusagen mit der Lupe suchen. So können Menschen z. B. jede Falte, die sie im Gesicht haben, schrecklich finden, obwohl diese überhaupt nicht schlimm sind und den Menschen einzigartig machen.
Die Kinder sollen nun der Reihe nach links im Kreis herum die Lupe an sich nehmen. Während sie durch die Lupe schauen, dürfen sie Dinge benennen, die sie vielleicht nicht so toll an sich finden. Das können ganz banale Dinge, wie z. B. eine Zahnlücke, Sommersprossen oder einfach eine Turnübung sein, die sie noch nicht so gut beherrschen.

Indem die Kinder das, was sie an sich nicht so mögen, mit einer Lupe betrachten, soll ihnen bewusst gemacht werden, dass das im Auge des Betrachters liegt und keine Fehler sind, die man verbessern muss.
Es kann immer wieder vorkommen, dass uns Dinge an uns selbst stören, die die anderen nicht einmal ansatzweise bemerken würden.

Nicht alles klappt auf Anhieb

Alter: ab 4 Jahren

Material: 1 Baukasten o. Ä.

Zeitaufwand: 3–5 Minuten

Spielverlauf:
Die Kinder sitzen zusammen auf dem Boden im Kreis, in dessen Mitte Sie einen Baukasten platzieren.
Erzählen Sie den Kindern, dass nicht alles auf Anhieb klappt und man aus Fehlern lernen kann. Danach nehmen Sie sich einen Bauklotz aus dem Kasten, auf dem Baukasten können Sie dann Platz nehmen. Indem Sie den Bauklotz in der Hand halten, haben Sie das Wort. Berichten Sie den Kindern, dass man z. B. beim Turmbauen in der Bauecke stets ein Risiko eingeht und dabei auch Frust übt. So muss man entscheiden, wo und wie gebaut werden soll. Danach wächst das Bauwerk meist rasch und nimmt Formen an. Dennoch können sich auch Fehler einschleichen: Indem man z. B. einen Bauklotz in der Konstruktion des Bauwerks unvorsichtig entfernt, kann schnell ein Teil oder gar das gesamte Bauwerk zum Einsturz gebracht werden. Fragen Sie die Kinder, ob Sie auch schon einmal derartige Erfahrungen gemacht haben. Die betreffenden Kinder dürfen sich der Reihe nach auch auf den Baukasten in der Kreismitte setzen und mit dem Bauklotz in der Hand darüber berichten.
Sobald alle Kinder wieder im Kreis zusammen sitzen, dürfen sie sich gegenseitig auf Ihr Kommando hin zeigen, wie sie sich fühlen, wenn nach einem oder mehreren Versuchen endlich etwas klappt. Die Kinder können nun z. B. Luftsprünge machen und vor Freude jubeln.

Indem Sie den Kindern nach der Praxisidee das Foto zeigen, können Sie ihnen noch einmal bewusst machen, wie sehr man sich insbesondere nach einem oder mehreren Fehlschlägen über den Erfolg freuen kann. Machen Sie den Kindern klar, dass man nicht gleich aufgeben darf, um ein bestimmtes Ziel zu erreichen.

Fehler beim Klettern vermeiden

Alter: ab 5 Jahren

Material: –

Zeitaufwand: 3–5 Minuten

Spielverlauf:
Die Kinder stehen zusammen in einem großzügigen Kreis und machen zu dem, was sie nun sagen, die dazu passenden Bewegungen:

„Wer klettert, kann Fehler machen.
Zu beachten sind folgende Sachen:
Ihr müsst euch richtig warm machen.
Eine Muskelzerrung ist nicht zum Lachen!“
Machen Sie nun ein paar Übungen zum Aufwärmen, wie z. B. einfaches Laufen auf der Stelle, Ausfallschritte nach vorne, Hampelmannsprünge und Radfahren in der Luft, die die Kinder sofort mitmachen

„Richtig sichern solltet ihr euch auch .
Das ist bei uns in der Runde so Brauch!“
Die Kinder tun so, als ob sie z. B. die Kletterschuhe anziehen und den Klettergurt anlegen würden

„Klettert nicht gar so schnell hinauf.
So seid ihr stets munter und wohlauf!“
Alle tun so vom Platz aus, als ob sie an der Wand klettern würden, indem sie abwechselnd ihre Füße anheben und mit den Händen nach oben greifen

„Beachtet ihr das, müsst ihr niemals aufgeben.
Die Ratschläge möchte ich euch gern mitgeben!“
Daumen nach oben strecken

Nach der Bewegungsgeschichte können Sie den Kindern das Foto zeigen und nachfragen, welche Tipps sie für das abgebildete Kind in punkto Sicherheit haben. Denn ohne Sicherheitsausrüstung unterwegs sein, kann mehr als ein großer Fehler sein.

Ein Ziel vor Augen haben

Alter: ab 5 Jahren

Material: ein paar Papierflieger

Zeitaufwand: 3–5 Minuten

Spielverlauf:
Alle Kinder - mit Ausnahme von drei bis vier Kindern - bilden einen geschlossenen Kreis. Die übrigen Kindern holen sich jeweils einen gebastelten oder gekauften Papierflieger und begeben sich in die Kreismitte.
Auf Ihr Kommando hin dürfen die Kinder dann ihre Papierflieger in Richtung Außenkreis fliegen lassen. Wem gelingt das auf Anhieb? Und wer braucht noch einen zweiten oder gar dritten Anlauf? Im zweiten Fall versuchen die Kinder aus ihren Fehlern zu lernen, indem sie z. B. ihren Standort verändern.
Dabei können sie sich z. B. etwas näher zu den Kindern im Kreis stellen. Sie können jedoch auch an ihrer Technik arbeiten, damit ihr Flieger das Ziel erreicht.

Den Kindern soll durch die Praxisidee verdeutlicht werden, dass man manchmal viel ausprobieren muss, um ein bestimmtes Ziel zu erreichen. Dabei kann man gerade auch aus den Fehlern lernen, die man zuvor gemacht hat.

Hurra! Ich kann gehen

Alter: ab 3 Jahren

Material: 1 Handtrommel; 4 Markierungskegel

Zeitaufwand: 3–5 Minuten

Spielverlauf:
Die Kinder verteilen sich auf einem übersichtlichen Spielfeld, das Sie mithilfe von vier Markierungskegeln kennzeichnen können.
Jedes Kind sucht sich einen Platz und setzt sich auf den Boden. Währenddessen holen Sie sich eine Handtrommel und begeben sich auf das Spielfeld. Dort angekommen, erzählen Sie den Kindern, dass sie als Baby noch nicht laufen konnten. Sie haben jedoch mit der Zeit gelernt zu krabbeln.
Laden Sie die Kinder nun zum Krabbeln auf dem Spielfeld ein. Jedes Mal, wenn Sie jedoch die Trommel erklingen lassen, scheitern die Kinder beim Krabbeln und tun so, als ob sie auf den Po fallen oder einfach zur Seite kippen würden. Erzählen Sie den Kindern, dass es eine gewisse Zeit dauert, bis Babys krabbeln können. Sobald jedoch die Kinder etwas älter werden, fangen sie an zu gehen. Die Kinder dürfen sich jetzt kreuz und quer auf dem Spielfeld bewegen und dabei jedes Mal, wenn Sie trommeln, so tun, als ob sie über ihre Füße stolpern oder gar auf den Po fallen würden. Irgendwann klappt es jedoch immer besser und alle Kinder dürfen ganz vergnügt auf dem Spielfeld laufen oder auch springen und hüpfen.

Ziel ist es, dass die Kinder anhand der Praxisidee begreifen lernen, dass man nicht sofort gehen kann. Vielmehr werden Entwicklungsschritte in den ersten Lebensjahren gemacht und Unsicherheiten im Bewegungsverhalten überwunden. Indem man es immer wieder probiert und aus Fehlern lernt, kann man langsam, aber sicher nicht nur gehen, sondern auch laufen, hüpfen und vieles mehr.

Zusammen und nicht allein

Alter: ab 5 Jahren

Material: –

Zeitaufwand: 3–5 Minuten

Spielverlauf:
Die Kinder sitzen zusammen im Kreis und führen das folgende Fingerspiel durch:

„Wir sind zusammen und nicht allein."
Eine Faust bilden und ausgehend vom Daumen nacheinander die einzelnen Finger ausstecken

„Wir helfen uns! So soll es auch sein!"
Alle fünf Finger eng zusammenführen

„Wir können auch Fehler machen
und darüber sogar herzhaft lachen."
Alle fünf Finger in der Luft zappeln lassen

„Miteinander kann man viel mehr machen.
Was sind das nun konkret für Sachen?"
Daumen nach oben strecken

Am Ende dürfen die Kinder, die gerne möchten, im Uhrzeigersinn den anderen mitteilen, was ihnen zu zweit oder gar in der Gruppe besonders viel Freude bereitet. Das kann z. B. einen Turm bauen, ein Gesellschaftsspiel spielen oder etwas auf dem Boden legen sein.

Miteinander spielen macht Spaß. Dabei können jedoch auch Missgeschicke und Fehler passieren. Wird aber zusammen etwas falsch gemacht, dann haben alle daran beteiligten Kinder auch die Chance, etwas gemeinsam daraus zu lernen, sodass es beim nächsten Mal vielleicht auf Anhieb viel besser klappt.

Zehn Tipps

Was Sie tun können, um Streit und Konflikte zwischen Kindern zu entschärfen

Ein Kinderstreit kann blitzschnell passieren und gehört zum pädagogischen Alltag. Die Ursache für einen Streit unter Kindern ist jedoch für pädagogische Fachkräfte nicht immer so ohne Weiteres sichtbar und erklärbar. Obwohl Kita-Kinder sich erstaunlich schnell wieder vertragen können, brauchen pädagogische Fachkräfte dennoch ein gutes Gespür dafür, ob sie bei einer Auseinandersetzung abwarten oder eingreifen sollten. Hinzu kommt, dass viele jüngere Kinder einfach noch nicht in der Lage sind, alleine einen Streit friedfertig zu lösen.
Unabhängig davon, gehört Streiten zur Entwicklung des Kindes. Auf diese Weise lernen Kinder z. B. sich durchzusetzen, ihre Bedürfnisse zu vertreten und ihre Wünsche zu äußern. Deshalb sollten sich Erwachsene nicht gleich in einen Kinderstreit einmischen.
Anders verhält es sich jedoch, wenn die Meinungen richtig auseinandergehen oder es sich sogar um einen handgreiflichen Konflikt handelt, der sofort beendet werden muss.

Im Folgenden werden nun zehn Punkte aufgeführt, die bedeutsam sind, um Streit und Konflikte gemeinsam im Gespräch zu lösen:

1. Erst einmal tief Luft holen
Handeln Sie nach Möglichkeit nicht sofort. Indem Sie erst eimal im wahrsten Sinne des Wortes tief Luft holen, schaffen Sie es viel leichter, den Kindern gerade auch bei nervenaufreibenden Auseinandersetzungen liebevoll zu begegnen.

2. Neutral bleiben
Seien Sie unvoreingenommen. Sätze wie „Schon wieder bist du in einen Konflikt verwickelt!“ oder „Du bist doch viel älter und vernünftiger!“ sind für eine Schlichtung nicht zielführend.

3. Für die Kinder da sein
Vor allem jüngere Kinder brauchen oftmals nach einem Streit Trost. Nehmen Sie die Kinder, falls notwendig, in den Arm und versuchen Sie, die Kinder durch Worte zu beruhigen.

4. Streitregeln einhalten
Erklären Sie den Kindern, dass Sie freundlich und höflich miteinander umgehen sowie den anderen ausreden lassen sollen, bevor sie ihre Geschichte erzählen.

5. Jedes Kind in Ruhe anhören
Lassen Sie sich durch Worte erklären, was passiert ist. Auch wenn Sie sich vielleicht schon denken können, wer von den Kindern angefangen hat, sollten Sie erst einmal jedem Kind die Chance geben, seinen Standpunkt zu äußern.

6. Worte der Kinder wiederholen
Wiederholen Sie, was jedes Kind gesagt hat und fragen Sie bei den einzelnen Kindern nach, ob sie verstanden haben, was der andere gemeint hat. Am Schluss sollten Sie die Standpunkte der Kinder zusammenfassen.

7. Die Gefühle erkennen und die Ursache für den Konflikt herausfinden
Fragen Sie die Kinder, was sie genau traurig oder wütend macht. Finden Sie heraus, wie das Ganze angefangen hat und wo die Differenzen bestehen.

8. Lösungsmöglichkeiten anregen
Fragen Sie die Kinder, wie die nächsten Schritte aussehen könnten und was sie selbst tun können, damit alle zufrieden sind. Indem Sie derartige geschickte Fragen stellen, können die Kinder auf eigene Ideen und Vorschläge kommen, über die sie dann entscheiden können.

9. Lösung konkretisieren
Wurde eine gemeinsame Lösung gefunden, muss diese auch konkretisiert werden. Wie soll nun die Lösung in der Praxis umgesetzt werden? Wie lauten die einzelnen Schritte? Alle Kinder bestätigen, dass sie sich an die Vereinbarungen halten werden.

10. Überprüfen Sie die Lösung
Überprüfen Sie nach einer gewissen Zeit, ob die Kinder die Vereinbarungen einhalten können oder nicht. Falls nicht, sollten Sie gemeinsam mit den Kindern besprechen, ob gegebenenfalls etwas an der Lösung verändert werden muss, damit sie für alle praktikabel ist. Manchmal müssen aber auch ganz neue Vereinbarungen getroffen werden, damit sich alle wieder daran halten können.

Anhang

Register

Bildnachweis

© stock-adobe.com:

Igor Dutina 7
Marco2811 9
Kanjana 11
New Africa 33
Robert Kneschke 55, 123
zdravinjo 69
contrastwerkstatt 71
Pixel-Shot 73
ImagESine 75
Blue Planet Studio 77
anaumenko 79
tunedin 81
Teerawat 83
Tropical studio 85
olly 87
ii-graphics 88, 89
Marzanna Syncerz 91
drubig-photo 93
kegfire 95
gera85 97
Monkey Business 99
Maik Meid 101
Khunatorn 103
sementsova321 105
nataliaderiabina 107
fizkes 109
Andrii Iemelianenko 111
Konstantin Yuganov 113
yanlev 115
katarinagondova 117
Jean Kobben 119
2xSamara.com 121
Marcel Paschertz 125
MAK 127
Jan Rakic 129
artmim 131
Mikkel Bigandt 133
pingpao 135
Romolo Tavani 137
chasingmoments 139
nadezhda1906 141
Jenny Sturm 143, 153
MNStudio 145
Andrey Popov 147
Asier 149
Christin Lola 151
famveldman 155
Flamingo Images/Stocksy 157
SVETLANA 159
Kawee 161
Andrey Kuzmin 163

Alle anderen Fotos: Andrea Erkert

Über die Autorin

Andrea Erkert ist Erzieherin, Entspannungspädagogin und Fachlehrerin einer Grundschulförderklasse (GFK) in der Nähe von Stuttgart und verfügt über mehrjährige Berufserfahrung als Leiterin einer 5-gruppigen Kita.
Seit über 30 Jahren bietet sie im In- und Ausland praxisnahe Fortbildungen und Elternabende, auf Wunsch auch online, zu verschiedenen pädagogischen Themen an. Nicht zuletzt hat sie sich als Autorin einen Namen gemacht. Die Autorin hat bereits zahlreiche spielpädagogische Bücher veröffentlicht, von denen die meisten in mehreren Sprachen übersetzt wurden. Inzwischen gehören ihre Veröffentlichungen zur Standardausstattung vieler Kitas und werden auch im Hort und in der Grundschule häufig eingesetzt.

Sie können Andrea Erkert für Fortbildungen und Elternabende u. a. zu dem Thema „Wie Kinder Verantwortung für ihr Handeln lernen“ buchen.

andrea.erkert@icloud.com
Tel. 0 71 91 - 90 83 57
Mobil: 0151 - 18533976

Raum für Notizen

Raum für Notizen

Raum für Notizen

Raum für Notizen

Raum für Notizen

Soziales Lernen für die Praxis

Dagmar Pflug

Sich-fühlen • mit-fühlen • wohl-fühlen

Methodenhandbuch zur Thematisierung von Gefühlen
14 Gefühlskarten für die Arbeit mit Kindern und Jugendlichen

„Wie geht es dir gerade?"
Wenn andere meine Gefühle ernstnehmen, so gelingt mir dies auch viel besser, und ich fühle mich angenommen in der Gemeinschaft – eine wesentliche Voraussetzung für soziales Lernen und Anpassungsbereitschaft.

Dieses Handbuch enthält neben 14 Gefühlskarten klar verständliche (Spiel-) Anleitungen, um Gefühle zum Thema zu machen. Sie sind gezielt einsetzbar, um das Gruppen- und Arbeitsklima zu verbessern, das Selbstbewusstsein und die Wahrnehmung zu fördern, die sozialen Kompetenzen zu stärken, Konflikte zu bearbeiten, und sie dienen der Gewaltprävention.

Die Arbeit mit den Karten ist einfach, macht Spaß und erfordert kaum Vorbereitung sie sind mit den Beschreibungen der spielerischen Übungen wertvolles Handwerkszeug für die Arbeit in Schule, Kindergarten, Hort oder ähnlichen Gruppengefügen.

3. Auflage, 48 S., 14 farbige Gefühlskarten zum Ausschneiden, UV-beständiger Drucklack, Format DIN A5, Ringbindung, Alter: 5–18

ISBN 978-3-942976-03-9 | Bestell-Nr. 9448 | 16,80 Euro

Dieter Krowatschek / Gordon Wingert / Gita Krowatschek

Soziales Lernen – pur!

Beliebte Übungen für die Arbeit in Gruppen

„Die durchdachten und wohlerprobten Übungen und Methoden beinhalten Neues und Bekannt-Bewährtes und scheinen mir zieldienlich zur Anbahnung und zum Aufbau sozialer Kompetenzen im pädagogischen Alltag. Sie sind vermutlich kein Allheilmittel und werden ihre Grenzen haben, wenn es um SchülerInnen mit hohem psycho-sozialen Förderbedarf geht. Sie dienen aus meiner Sicht eher dazu, Kinder zu lehren zum Brunnen zu gehen als dass sie Methoden oder Handwerkszeug zur Verfügung stellen, wenn das Kind – die Kinder und jugendlichen bzw. die Klassensituation – in den Brunnen gefallen ist, sie dort wieder herauszuholen, da werden weitere Konzepte und Maßnahmen erforderlich sein.

Ich wünsche dem Buch viele LeserInnen, die es nicht nur als Sammlung von schnell einsetzbaren Tools nutzen, sondern im Sinne der AutorInnen in ein Konzept von sozialem Lernen als Grundlage ihres schulischen und pädagogischen Handelns in ihre tägliche Unterrichtsgestaltung einbetten. Geeignet scheint es mir für den Einsatz vorrangig in Grund- und Förderschulen sowie in den unteren Stufen weiterführender Schulen."
Cornelia Tsirigotis, systhema

4. Auflage, 224 S., 16x23cm, Klappenbroschur, Alter: 6–66

ISBN 978-3-942976-22-0 | Bestell-Nr. 9421 | 18,80 Euro

???

???

???

Hier werden 133 neue Spiele und Methoden vorgestellt; sie führen in kleinen Schritten von basalen zu höheren Kompetenzen und sprechen dabei besonders ältere Kinder und Jugendliche an. Der Leser muss sich keinem umfassend strukturierten Trainingsprogramm anpassen und bekommt zur Ausgestaltung sozialer Fördergruppen einen umfangreichen „Werkzeugkoffer" an die Hand, praxiserprobt und flexibel. Zahlreiche Fotos erleichtern das Verständnis. Wie eine Fördergruppe nachhaltig und mit vertretbarem Aufwand eingerichtet wird, zeigten die Autoren in Band Eins (s. rechts). Dieser Band nimmt Bezug auf die Lebens- und Erlebenswelt der in diesen Gruppen lernenden Schüler und gibt Impulse zum Verständnis herausfordernden Verhaltens. Aus den Entwicklungsbereichen Motorik und Wahrnehmung, Emotion und Sprache sowie Identität und Status werden Ressourcen betont. Das Buch öffnet psychomotorische Perspektiven der Gewaltprävention und gibt Anregungen, die motivieren – für Sport und Spiel, für Therapie und Pädagogik.

2. Aufl. 2018, 232 S., farbige Abb., Beigabe: Vorlagen auf CD-ROM, Format 16x23cm, Klappenbroschur, Alter: ab 8

ISBN 978-3-942976-13-8 | Bestell-Nr. 9456 | 21,95 Euro

Herbert Schatz / Dorothea Bräutigam

Locker Bleiben

Sozialtraining für Schüler mit sonderpädagogischem Förderbedarf – Handlungsorientierte Methoden zum Sozialen Lernen und zur Gewaltprävention

„Man kann mit diesem Buch komplex sowie mit einzelnen ausgesuchten Trainingseinheiten arbeiten. Der sehr gut strukturierte Aufbau ermöglicht den vielfältigen Einsatz mit Kindern. Zur Unterstützung und Vertiefung von handlungsorientierten Methoden befindet sich im Buch eine CD mit weiterem Einsatzmaterial. Das im Buch befindliche Trainingsmaterial gliedert sich in zwei Bereiche. Zum ersten erfährt der Pädagoge etwas über die theoretische Einführung zum Grundgedanken der Entwicklungspädagogik, die Ziele und Einsatzmöglichkeiten. Im zweiten Teil, dem Hauptteil findet man den großen Praxisteil mit einer Fülle von Trainingsideen, die methodisch präzise beschrieben und aufgearbeitet sind. Dabei handelt es sich um Themen wie 'Regeln und Strukturen', 'In kleinen Gruppen kooperieren' oder 'Provokation aushalten – Aggressionen verstehen'. Dieses Buch eignet sich hervorragend für den Gemeinsamen Unterricht. Mit über 122 Übungen und Methoden können Kinder mit und ohne Behinderung gut strukturiert arbeiten." AG Jugendliteratur & Medien der GEW

3. Auflage, 208 S., farbige Abb., Beigabe: Vorlagen auf CD-ROM + Online-Material, Format 16x23cm, Klappenbroschur, Alter: ab 8

ISBN 978-3-938187-82-1 | Bestell-Nr. 9430 | 21,95 Euro

verlag modernes lernen

Schleefstraße 14, D-44287 Dortmund
Telefon 02 31 12 80 08, Fax 02 31 12 56 40
E-Mail: info@verlag-modernes-lernen.de
Leseproben und Bestellen im Internet: www.verlag-modernes-lernen.de

Entspannung und Konzentration

Dieter Krowatschek / Gita Krowatschek / Caroline Reid

Marburger Konzentrationstraining (MKT) für Schulkinder

„Insgesamt fällt positiv auf, dass das Training sehr konkrete Anweisungen für den Materialeinsatz gibt und somit auch LehrerInnen damit umgehen können, die für diesen Bereich keine individuelle Einweisung erhalten haben. Dieses ist um so wichtiger, wenn man bedenkt, dass im schulischen Bereich die Konzentrationsstörungen stetig zunehmen und es sich gezeigt hat, dass Kurzverfahren zur Steigerung der Konzentrationsfähigkeit und zum Abbau von Ängsten sich selten für jüngere Kinder eignen." AOL-Bücherbrief

„Im Konzept befinden sich neben ausführlicher theoretischer Anleitung auch zahllose Übungsblätter und Spielvorschläge (feste DIN A4 Kopiervorlagen), die eine leichte Durchführung ermöglichen. Dieses Programm ist gut durchdacht, leicht durchführbar und hervorragend ausgearbeitet." Nadine Wöhler, ergoXchange

11. Auflage, 260 S., farbige Abb., Groß-Format DIN A4, im Ordner, Alter: 6-12

ISBN 978-3-8080-0860-7 | Bestell-Nr. 8365 | 40,00 Euro

Dieter Krowatschek / Gordon Wingert

Das neue Marburger Verhaltenstraining (MVT)

Kinder wahrnehmen – stärken – begleiten – Ein ressourcenorientiertes Programm für die Praxis

Motorisch unruhige Kinder stellen ihre Lehrkräfte, Erzieher, Therapeuten und Familien vor besondere Herausforderungen: Aufgrund ihres Temperaments, ihrer Lebhaftigkeit und Impulsivität haben sie Schwierigkeiten • beim Einhalten von Regeln • bei der Regulation von Emotionen und • bei der Steuerung ihres Redeflusses. Anhand der bewährten Struktur haben Gordon Wingert (enger Mitarbeiter und Ko-Autor von Dieter Krowatschek) zusammen mit Prof. Dr. Caterina Gawrilow, Dr. Friederike Blume und Florian Erle das erprobte Programm komplett überarbeitet. Zusätzlich haben sie die ursprünglichen Erfolgsmerkmale um solche erweitert, die sich in den Jahren seit der ersten Manualisierung als wertvoll herausgestellt haben: Die Prinzipienorientierung – Jede Gruppe trainiert vor dem Hintergrund vereinbarter Prinzipien des Umgangs miteinander. Sie geben den Kindern wertvolle Hinweise darauf, was es heißt, erfolgreich zu sein. Der Methodenplan – Als völlig neues Element ermöglicht dieser die Systematisierung psychologischer Methoden.

6., völlig überarbeitete Auflage, 344 S., farbige Abb., viele Kopiervorlagen, Beigabe: Material zusätzlich als Download, Format DIN A4, im Ordner, Alter: 6-14

Mit Online Material

ISBN 978-3-8080-0846-1 | Bestell-Nr. 5234 | 40,00 Euro

Dieter Krowatschek / Sybille Albrecht / Gita Krowatschek

Marburger Konzentrationstraining (MKT) für Kindergarten, Vorschule und Eingangsstufe

„Das MKT schließt jedoch eine große Lücke und bietet nun auch für Kinder, die noch nicht eingeschult wurden, die Möglichkeit einer aktiven Förderung der Konzentration und Aufmerksamkeit. Das Training kann Kinder und Eltern dabei unterstützen, die Aufmerksamkeitsspanne bewusster zu steuern sowie eine effektivere Kommunikation, Arbeitshaltung und Arbeitsstrategien zu entwickeln.

Besonders gelungen ist das Herausstellen der Bedeutung von positiven Verstärkern – dafür ein besonders großes Lob. Es ist zu hoffen, dass möglichst viele Kinder in den Kindergärten die Möglichkeit bekommen an dieser Trainingsmaßnahme teilzunehmen."

Dr. med. Bodo Pisarsky, Zeitschrift für systemische Therapie und Beratung

„Konzept, Umsetzung und die im Material angeführten Studien überzeugen. Der Ordner gehört zum grundlegenden Handwerkszeug eines jeden Pädagogen, der mit Kindern im Kindergarten- bzw. Vorschulalter zu tun hat." lernen heute

„Die Mappe gehört in jeden Kindergarten und sollte in therapeutischen Fördergruppen nicht fehlen." Uta Hengst, praxis ergotherapie

5., unveränderte Auflage, 244 S., farbige Abb., mit 100 Kopiervorlagen, Groß-Format DIN A4, im Ordner, Alter: 5-7

ISBN 978-3-86145-269-0 | Bestell-Nr. 8334 | 40,00 Euro

Dieter Krowatschek / Gita Krowatschek / Gordon Wingert

Marburger Konzentrationstraining für Jugendliche (MKT-J)

„Wie in den anderen MKTs wird wieder auf die bewährte Mischung zurückgegriffen von sog. dynamischen Übungen, die für die Bewegung, Aktivität und Dynamik sorgen (z.B. Lebende Mühle), Entspannungsübungen und Trainingsangeboten zur verbesserten Handlungsplanung (besonders veränderte verbale Selbstinstruktion) und zur Wahrnehmungsförderung. Die Umsetzung auf die besondere Klientel pubertärer Jugendlicher scheint insgesamt gut gelungen. Die Materialien findet man wie bei den Vorgängern in einem großformatigen Ringbuch, das genügend detaillierte Anweisungen und Beschreibungen enthält." Manfred Mickley, Praxis Kinderpsychologie und Kinderpsychiatrie

„Zusammenfassend kann gesagt werden: Das MKT-J ist alles andere als langweilig. Es unterscheidet sich völlig von anderen, vergleichbaren Trainingsverfahren (mit langweiligen, sinnlosen Testaufgaben) und hebt sich damit von diesen sehr deutlich positiv ab. Den Autoren kann nur zu solch einer Entwicklungsarbeit gratuliert werden." Armin Krenz

4., unveränderte Auflage, 240 S., farbige Abb., Groß-Format DIN A4, im Ordner, Alter: ab 12

ISBN 978-3-938187-58-6 | Bestell-Nr. 9386 | 40,00 Euro

639/10-21

vml verlag modernes lernen

Schleefstraße 14, D-44287 Dortmund
Telefon 02 31 12 80 08, Fax 02 31 12 56 40
E-Mail: info@verlag-modernes-lernen.de
Leseproben und Bestellen im Internet: www.verlag-modernes-lernen.de

Soziales spielerisch lernen mit Andrea Erkert

Lasst uns an einem Strang ziehen

Teambuilding-Spiele für Kinder im Alter von 5 bis 8 Jahren

2020, 176 S., farbige Abb., Format 16x23cm, Klappenbroschur, Alter: 5–8, Euro 18,80

ISBN 978-3-8080-0872-0

Im Morgenkreis den Teamgeist wecken

Teamspiele für Kindergartenkinder leicht gemacht

2021, 176 S., farbige Abb., Format 16x23cm, Klappenbroschur Alter: 3–6, Euro 18,80

ISBN 978-3-8080-0890-4

Weniger ICH, mehr WIR

Wie Kinder durch tolle „Aha" Erlebnisse prosoziales Verhalten lernen und alle gewinnen

2022, 176 S., farbige Abb., Format 16x23cm, Klappenbroschur Alter: 3-6, Euro 18,80

ISBN 978-3-8080-0892-8

Kinder brauchen Herzensbildung

Spiele und andere Angebote zur Förderung der emotionalen Intelligenz

2022, 176 S., farbige Abb., Format 16x23cm, Klappenbroschur, Alter: 3–6, Euro 18,80

ISBN 978-3-8080-0893-5

Mobbing fängt klein an

Kinder an das Thema „Mobbing" heranführen und für das eigene Handeln sensibilisieren

2021, 176 S., farbige Abb. Format 16x23cm, Klappenbroschur, Alter: 5–10, Euro 18,80

ISBN 978-3-8080-0894-2

„Ich war das aber nicht!"

Wie Kinder lernen, Verantwortung für ihr Handeln zu übernehmen

2023 (Feb.), 176 S., farbige Abb. Format 16x23cm, Klappenbroschur, Alter: 3–6, Euro 19,95

ISBN 978-3-8080-0895-9

Da wächst was!

Wie Kinder in der Natur Teamfähigkeit entwickeln

2023 (Mai), 176 S., farbige Abb., Format 16x23cm, Klappenbroschur, Alter: 5–8, Euro 19,95

ISBN 978-3-8080-0896-6

Kinder brauchen Lernspaß

Lernkompetenz anders fördern – selbstständiges Lernen lernen

2022, 176 S., farbige Abb., Format 16x23cm, Klappenbroschur, Alter: 5-10, Euro 18,80

ISBN 978-3-8080-0898-0

verlag modernes lernen

www.verlag-modernes-lernen.de
info@verlag-modernes-lernen.de